ネット社会の子育て

スマホに振り回される子 スマホを使いこなす子

五十嵐悠紀

目次

はじめに ───────────────────────── 4

1 子どもを取り巻くネット社会の現状 ── 7

- 1 1 低年齢化する携帯電話・スマートフォンデビュー ── 8
- 1 2 携帯電話とスマートフォン、どちらを持たせる？ ── 13
- 1 3 情報化で劇的に変わる生活 ── 23
- 1 4 学校の情報化 ── 31
- 1 5 情報通信メディアを活用した授業の事例 ── 34

2 インターネットでできること ── 45

- 2 1 検索 ── 46
- 2 2 ソーシャルメディア・SNS ── 52
- 2 3 アプリ ── 65
- 2 4 動画視聴 ── 66
- 2 5 クラウド ── 71
- 2 6 フィルタリング ── 73
- 2 7 コンピュータウイルス ── 79

コラム

- 日本独自の進化を遂げたガラケー（ガラパゴスケータイ） ── 22
- ネットにつながるお掃除ロボ ── 30
- botでSNSはより便利に。使い方には注意も必要 ── 64
- YouTuber 誰もがメディアプロデューサーに ── 70
- 話題についていけない…。子どもはつらいよ ── 102
- スマホやゲームの時間を可視化する効果 ── 141
- スマホは目を悪くする!? ── 148
- 親の目が届くような工夫 ── 157

3 ネットにひそむ危険 ―トラブルの例と対策― —— 85

- 3 1 インターネットを使ったいじめ —— 86
- 3 2 LINE を使ったいじめ —— 92
- 3 3 個人情報 —— 103
- 3 4 スパムメール —— 108
- 3 5 携帯・パソコンでのゲーム —— 111
- 3 6 ネットを使った小遣い稼ぎ —— 120
- 3 7 出会い系サイト —— 124
- 3 8 著作権や肖像権の侵害 —— 126
- 3 9 架空請求・ワンクリック詐欺 —— 130
- 3 10 ネットショッピング —— 132

4 保護者はどう関わると良いか —— 135

- 4 1 スマホの依存性 —— 136
- 4 2 小・中学校や自治体の取り組み —— 142
- 4 3 家庭内ルール策定のための話し合い —— 149
- 4 4 家庭内ルールの例 —— 158
- 4 5 ペアレンタルコントロール機能を有効活用 —— 164
- 4 6 スマホの使い方を子どもと考える教材 —— 173
- 4 7 男の子と女の子で異なるスマホの使い方 —— 178

おわりに 子どもが情報メディアをうまく使いこなすために —— 181

あとがき —— 186

はじめに

　親である私たちが毎日使用している携帯電話・スマートフォン。今や仕事をする上でも、生活をする上でもなくてはならないものになってきました。そして、こういった情報通信メディアを持つ世代の低年齢化も進んでいます。中学生がスマートフォンを持つのはもちろん、小学生でも使っている子どもが増えてきています。スマートフォンまでは持たせていない、というご家庭でもご両親のお古のスマートフォンをWi-Fi接続で自由に使わせていたり、iPod touchやタブレットなら使っていたりということもあるのではないでしょうか。

　本書では小中学生のお子様を持つ親御さん向けに、情報社会の現状と問題点、親子で気を付けていただきたい点について触れていきたいと思います。スマホってなに？ LINEってなに？といった親御さんから、「キッズ携帯はいいけど、スマホはちょっと…。常時接続しているなんて…。それに、いじめにつながる可能性もあるし…」といった考えをお持ちの親御さんまで、様々だと思います。ただ、あれはダメ、これはダメと親が規制するのは簡単で手っ取り早いかもしれませんが、それでは子どもの自主性は育ちませんし、子どもが隠れて使用してしまったり、困ったときに親に相談できないといった事態になってしまったりしては元も子もありません。

本書では、こういう事例が危険ですよと伝えるだけではなく、最先端の情報通信メディアを導入した生活や授業などの事例も紹介しながら、何が問題なのか、どういった使い方ができるのか、どうすれば有意義に使いこなせるのか、などについて具体的に解説していきたいと思います。情報通信メディアに生活を振り回されるのではなく、豊かな生活を送るために情報メディアを使いこなしてみませんか。

　第1章では、情報社会の現状として、携帯電話やスマートフォンでできること、そして具体的に情報通信メディアを導入した授業の事例を紹介したいと思います。第2章では、インターネットでできることやSNS（ソーシャル・ネットワーキング・サービス）についてどういったものであるのかを解説します。よく耳にするけれど、よくわからないといった声が多い言葉を中心にわかりやすく解説していきます。第3章では、情報通信メディアを使用する際に気を付けていないとどのような困ったことが起きる可能性があるのかについて、子どもが巻き込まれそうな事例を中心に述べていきます。最後に第4章では、これらを踏まえて、保護者は子どもたちとどのように関わっていくのが良いかについて、述べたいと思います。本当に困ったときには保護者に隠すのではなく、保護者に相談してくれるような、そんな親子関係作りが大事ではないでしょうか。家族でこのような内容を話し合う際のヒントとなる指針も紹介します。

－1－
子どもを取り巻くネット社会の現状

1-1 低年齢化する携帯電話・スマートフォンデビュー

　わからない言葉や知りたいことがあるとき、あなたはどうしますか？

　「ネットで検索して」

　今や小学生や幼稚園児でもこんな言葉を発するような時代になりました。

　パソコンだけでなく、携帯電話やスマートフォン、タブレットといった様々な情報通信メディアでインターネットを使うことができ、世界中の人々と情報をやりとりすることができます。

　私たち親世代が小中学生の頃、1970年代〜80年代は、遠く離れた祖父母には電話をし、引っ越してしまった友人には手紙を書いて切手を貼って送っていました。私は小学校ではお友だちと交換日記もしていました。その頃にはすでに世の中に存在していたパソコン通信。しかし、当時のパソコン通信は会員のみの限られた空間であり、インターネットが世の中に登場してからもしばらくの間は研究者や技術者による非営利での利用が中心でした。一般家庭におけるインターネットの利用率は世帯で計算すると、1996年には3.3％でしかなく、10％を超えるのは、1998年になってからです[※]。しかし、そこからは2001年には60.5％になり、2002年には81.4％にと一気に増加し続け、2019年現在では、インターネットは私たちの日常生活やビジネスに

※　総務省『情報通信白書』http://www.soumu.go.jp/johotsusintokei/whitepaper/

1 子どもを取り巻くネット社会の現状

欠かすことのできない便利なツールになっています。電話やFAXではなくメールやLINE（ライン）でやりとりをし、わからないことや調べたいことがあれば、インターネットで検索をして調査し、プレゼンをするときにはスライドを作って…。携帯電話やスマートフォン、タブレットやパソコンといった情報通信メディアを時には一人で複数台利用して、インターネットに接続をしています。

子どもたち世代も、携帯電話を利用して主にコミュニケーションツールの利用や勉強のためのツールを多く使っているようです。2019年3月に公益社団法人日本PTA全国協議会が発表した「平成30年度　子どもとメディアに関する意識調査」では全国の子どもの携帯電話所持率は小学5年生でちょうど5割で、中学2年生の所持率が7割になりました。こういった所持率は

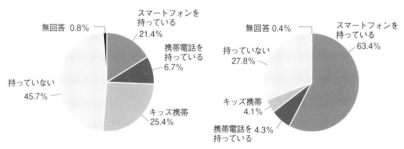

スマートフォン・携帯電話の所持状況
出典：日本PTA全国協議会「平成30年度　子どもとメディアに関する意識調査」

文部科学省、経済産業省など様々な機関でも調査されていますが、おおむね同様の結果となっています。

　さらに、感覚的には都心部ではもう少し携帯電話所持率は上がるのではないかと推測します。地域にもよると思いますが、23区などの都心部では小学校に入ると「キッズ携帯」を持つ子どもが現れ始めます。放課後、一人で友だちの家に遊びに行ったり、友だちと待ち合わせて児童館や公園に行ったり。習い事も幼稚園までは保護者が送り迎えしていたのが、小学生になると一人で行くことも増えてきます。その頃から徐々にキッズ携帯の所持率が増え始めています。そして、共働き家庭が増える現代に対して、学童保育はまだ小学3年生までのところが多いのが実状です。こうした背景からか、小学4年生以上の高学年になると習い事や塾通いなどで放課後を埋める家庭も増えており、このタイミングでまたぐっと携帯電話を持つ子どもが増える印象です。

　特に携帯やスマートフォンまでは持たせていないという家庭でも親のお古のスマートフォンを家庭内でのWi-Fi（ワイファイ）やコンビニなどの無料Wi-Fiで自由に使っていたり、iPod touchやタブレット、Android搭載ウォークマンなどのWi-Fi接続可能な機器を使わせているという家庭もあるのではないでしょうか。こういった利用は先ほどのようなアンケートには含まれていないため、実際にインターネットに接続して利用している小学生はもう少し多いように思います。

でも、小学生ですと、子どもと友だちとの連絡はまだまだ自宅の電話経由が多い時期です。我が家も息子の友だちから「今日遊べますか〜？」と自宅の電話にかかってきて、子どもが遊びにでかけるということもよくあります。親が電話をとったり、リビングに電話がありなんとなく会話が聞こえたりするので、子どもの交友関係もわかり、親の目が十分行き届く距離にいるなと感じます。

子どもの交友関係がわかっていると、友だち同士のトラブルにも早く気づくことができます。例えば、最近子どもの話に出てくる友だちの名前が変わったな、とか、いつも電話がかかってきていた友だちからかかってこなくなったな、とか。そんな、何気ない子どもとの会話や日常の子どもの行動の中から、親が少しでもアンテナを張っておけば気づけることも多いのです。

ところが、中学生になると、スマートフォンの所持が増えてきます。スマートフォンになるとLINEなどをはじめとした文字でのコミュニケーションもぐっと増えます。私の近所でも、小学校を卒業して3か月たった6月のある週末。同窓会を兼ねた卒業アルバムの受け取りに来た中学1年生たちは、同窓会終了後に公園で集まってLINEのID交換をしていました。このように、小学生までは友だちとの連絡も自宅に電話をかけて親を通すことも多かったのに対して、中学になると友だちと直接連絡を取るようになってきます。そうすると、親の目からは交友関係が見えにくくなってきます。もちろん、子どもの成長を考

えると大事な過程の一つですが、交友関係が見えにくくなるということは、トラブルも見えにくくなる、気づきにくくなるということを意識する必要があります。

インターネットに触れる年齢が低年齢化している現在、インターネットには多くの利便性がある一方で、有害情報が氾濫していたり、誹謗中傷する書き込みが絶えなかったり、架空請求のようなインターネットを悪用した事件もあったりと、問題点も多いことを意識する必要があります。大人にとっては、「こういった情報は信用しなければよい」など、どのような行動をとるべきか判断がつくような簡単なことであったとしても、子どもだと深刻に悩んでしまったり、事件に巻き込まれてしまったりするかもしれません。こうした問題は携帯電話やスマートフォンを持たせているのであれば、常日頃から親子で話し合っておけば避けることができることでもあります。

けれども、「子どもがどのように使っているか知らない」「もうすでに子どものほうが詳しくてついていけない」といった声もよく耳にします。また、どのような危険があるのかを意識しすぎるあまり、「まわりの友だちは持っていて自分の子どもも欲しがっているけれども、危険だから与えたくない」と断固拒否するといった声もよく聞きます。

最近では、「総務省　情報通信白書for Kids」[1]のように、小学生向けにインターネットや、スマートフォンなど、私たちの身の回りの様々な情報通信メディアでできることやその仕組

---

[1]　http://www.soumu.go.jp/hakusho-kids/

み、また利用する上で知っておくべき注意事項などについての理解を深めることを目的としたインターネットサイトも増えてきています。

また、「青少年インターネット環境整備法」(青少年が安全に安心してインターネットを利用できる環境の整備等に関する法律)[※2]が2008年に成立し、その後も世の中の変化にあわせて改正案が2017年6月に可決され、2018年2月1日に施行されるなど、国としてもまさに取り組みを強化している最中です。公立小学校・中学校でもインターネット利用に関する指導が行われていたりもします。

では、携帯電話やスマートフォンでは具体的にどのようなことができるのでしょうか？

本章では、懸念事項に触れる前に、情報通信メディアが身近になったことで、身の回りの生活や子どもたちの学習面などがどのように変化してきたか、またどのように変化していく可能性があるのかといったメリットに注目して見ていきましょう。

1 2 携帯電話とスマートフォン、どちらを持たせる？

みなさんは、身近な情報通信メディアというと、携帯電話、スマートフォン、ノートパソコン、タブレット…。など様々なデバイスが浮かぶのではないでしょうか。

一口に携帯電話といっても、P.9の調査のように、子ども専

※2 http://elaws.e-gov.go.jp/search/elawsSearch/elaws_search/lsg0500/detail?lawId=420AC1000000079&openerCode=1

キッズ携帯	着信・発信は決められた番号のみ。GPS付。
携帯電話	電話・メールに特化。写真も撮れる。LINEが使える機種もある。常時接続ではない。携帯電話回線（3G・4G回線）を使ってインターネット接続。
スマートフォン	パソコン並みの性能。3G・4G回線の他、Wi-Fi回線でも接続可能。常時接続可能。

キッズ携帯、携帯電話、スマートフォンの違い

用携帯電話である「**キッズ携帯**」、通話を目的とした「**携帯電話**」（ガラパゴスケータイ、ガラケーとも呼ばれる）、それから「**スマートフォン**」というように、区別されることが多いです。

　この調査結果では、小学5年生ですでにスマートフォンを持っている子どもが21.4%もいることがわかります。そして、小学5年生の段階で、「携帯を持つ決断をしたご家庭」のうち、スマートフォンを選択している割合を算出すると30%を超えています（P.15図）。また、少し前までは子どもに持たせる携帯電話としては子ども専用携帯電話であるキッズ携帯が主流でしたが、キッズ携帯を所持する割合は年々低下していることもわかります。これは、スマートフォンの世の中への普及や、スマートフォンと携帯電話との料金体系に差がなくなってきたこともあり、小学生が初めての携帯電話を購入するのにスマートフォンを選ぶご家庭も増えてきているからです。

　近所の携帯電話ショップに行ってみると親子連れが多いこと

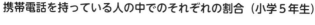

携帯電話を持っている人の中でのそれぞれの割合（小学5年生）

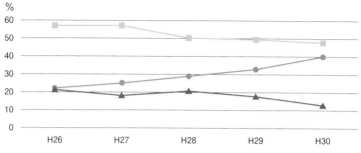

日本PTA全国協議会「子どもとメディアに関する調査」平成26〜30年度の結果より作成

に気づく方もいるでしょう。「学生なら3年間基本使用料無料」「家族も入るとさらにお得」などの広告も多く、売っているのはほとんどがスマートフォンです。そのほかは、高齢者用の簡単な携帯電話であったり、いかにも「子ども用」といった、ある程度の年齢の子どもなら欲しがらなさそうなデザインのキッズ携帯であったり。月々の多少の金額の違いなら、子どもに最初からスマートフォンを持たせてしまってもいいんじゃないか、と思う親御さんも増えてきていることでしょう。お子さんから、「スマートフォンじゃないと嫌だ！みんな持っている！」とねだられるケースも多いと聞きます。NTTドコモの「スマートフォンforジュニア」のようにスマートフォンの子ども版というものもあります。

さて、キッズ携帯の主な使い方の1つにGPS機能があります。保護者の携帯電話やスマートフォンから、子どもがどこにいる

かを知ることができる機能です。

　NTTドコモの「**イマドコサーチ**」では、どのくらいの精度でそこにいる可能性が高いかが☆で表されるようになっており、☆3つだとほぼその位置にいるが、☆1つだと数100メートルずれていることもある、といった状況を親が知ることができます。子どものいる場所が圏外などでGPS機能が発揮しない場合もありますが、一定時間ごとに再検索をするなどの機能が搭載されています。子どもが習い事でなかなか帰ってこないとき、子どもが友だちと遊びに行ってどこにいるかわからないとき、子どもが電話にも出なくてメールも返事が来ないときなどに、子どもの居場所を検索する親御さんが多いようです。

　また、あるだけで安心な機能が「防犯ブザー機能」でしょう。これは子どもが危険を感じてブザーを鳴らすと親の携帯に連絡がくるような仕組みになっています。一方で、結構な頻度で鳴ってしまうことがあるとも聞きます。「オオカミ少年の話じゃないけど、本当に危険が迫って鳴らしたのか、ただ外れただけなのかわからなくて……」という親の声も聞きます。

　東京都品川区が実施している「近隣セキュリティシステム」は、品川区の公立小学校および在住の児童にGPS搭載装置「**まもるっち**」を配布し、GPS探索と近隣の協力者によるネットワークで、子どもをトラブルから守る取り組みを行っています。2003年前後に子どもを狙った凶悪犯罪が多発したことがきっかけで2005年には初代「まもるっち」が開発されました。現在の

三代目「まもるっち」では既存のキッズ携帯（auの「マモリーノ」）を配布・使用しています。「まもるっち」では機能を限定し、GPS機能、防犯ブザー、「まもるっちセンター」への通話だけができるようになっています。保護者がauと契約すれば、追加機能として通話やメールもできるようになりますが、その分の通信料金は各家庭の負担となります。

　2015年度における「まもるっち」の発報件数は、6万6,000件以上。そのうち8割は子どもの操作ミスなどによる誤報であったとの報告※もあります。しかし、このうちの緊急案件14件は、このシステムのおかげで迅速に現場に駆けつけることができ、大きな事件・事故にはつながりませんでした。不審者などの事件だけではなく、通学に慣れない子どもが迷子になってしまった場合にも活躍しているそうです。

　ちなみに身の回りのキッズ携帯を持つ子どもに聞いてみると、自分からかけて使うことはあまりないといいます。基本は着信専用として携帯し、GPSとしての機能が活躍しているのかもしれません。

　これがキッズ携帯ではなく、「携帯電話」になると、メールや電話の制限が外れ、誰にでも自由に発信可能で、誰からも受信可能になります。またLINEができる携帯電話も増えてきました。ただ、常時接続にはなっていないので、ユーザ側が自らインターネットにアクセスしてメッセージが来ていないか更新しなければいけないといった手順が発生します。

※　https://time-space.kddi.com/digicul-column/digicul-joho/20170412/

プッシュ機能により連絡がきたことがすぐにわかる

　これに対して、スマートフォンは小さなパソコンです。携帯電話は、携帯電話回線である「**3G・4G回線**」でインターネットにつながりますが、スマートフォンは3G・4G回線の他、パソコンと同じWi-Fi回線でもつながり、常時接続できることが基本になっています。

　特にSNS（ソーシャル・ネットワーキング・サービス、具体的には後述）では、インターネットに常時接続できることで、「**プッシュ**」といった機能で誰かが発言したりそれに返信したりしたことがすぐに確認できるような仕組みになっており、リアルタイムに飛び交っている情報をキャッチしやすくなっています。

　さてここで飛び交っている情報とは、文字であったり、写真や画像であったり、動画であったり、様々なものを指します。

　次ページにスマートフォンでできることをまとめてみました。

1 子どもを取り巻くネット社会の現状

スマートフォンでできること

SNS：自分の思いをつぶやいたり、離れた人と文字や写真でコミュニケーションをとったりできる。写真や動画をアップすることもできる。

検索：知りたい情報を検索して、世界中から情報を集めることができる。文字情報での検索のほか、画像検索や動画検索などもある。

アプリ：様々な種類のアプリを使って、クーポンなどを生活に役立てたり、辞書や翻訳などを勉強に使ったりすることができる。

地図：自分の現在地をGPS機能で取得して地図上のどこにいるかを瞬時に把握することができる。行先を検索すると現在地からの最短ルートを提示することもできる。

写真・動画撮影：写真や動画を手軽に撮影することができる。デジタルカメラと同じくらい画質の良い写真が撮影可能になってきた。

動画視聴：世界中から投稿された動画を視聴することができる。検索して視聴する他、お気に入りの投稿者をチャンネル登録しておき新しい動画がアップされたら見るといった視聴もできる。

音楽：好きな音楽を聴くだけでなく、離れたところにいる人と同じ音楽を聴いたり、他の人のプレイリストを参照して自分も聴いたりすることができる。

ネットショッピング、ネットオークション：お店に行かなくても商品を買うことができたり、いらなくなった物を売ったりすることができる。

スマホ決済：お店での支払いがキャッシュレスでできる。

ゲーム：離れたところにいる人と一緒にゲームをして楽しむことができる。

これを見ていただくとスマートフォンでできることと、パソコンでできることには変わりがないのがおわかりかと思います。

先に述べたようにスマートフォンは小型のパソコンです。子どもにとっては、インターネットは危険な面もあり、注意を要するということも事実です。人の目の届きにくいところでそのような端末を子どもが持つ危うさを親が理解しなければいけません。親はまず「なぜスマートフォンを子どもに持たせたいか」を考えることも必要でしょう。ガラケーやキッズ携帯ではダメなのか、子どもは具体的にどのような使い方をしたがっているのか、について考えると良いでしょう。スマートフォンにしたい理由の上位に占めるのが、LINEをする際にリアルタイムに接続されているかどうかだという話も聞きます。ガラケーでもLINEが使える機種がありますが、その一部は自分でインターネットに接続してLINEのメッセージが来ているか確認しなくてはいけないものもあるからです。

一方で、子どもはインターネットで多くのことを学ぶことができたり、学習に効果的であったりと有益な部分も多く、教育業界でもタブレット教材やアプリを出すようになってきました。

例えば、「進研ゼミ」や「Ｚ会」などの大手もタブレット型教材を導入しており、急速にコンテンツが増えてきています。これらはネットワークに接続するかどうかを親が設定できるようになっていたり、有害なサイトには接続させないように「フィルター機能」がついていたりします。ネットワークに接続可

能にすることで学習の中でわからないことがあったときに自分で検索をすることもできるようになっていたり、知育的なアプリも入っていて学習が早く終わったときにはそれを使って遊びながら学ぶこともできたりします。一方で、「ポケモンのゲームでも遊べていたので、フィルターがどこまで有効なのか不明」といった声も聞いたことがあります。なので、「教材だから」と安心するのではなく、親が見ている前で使わせる、自分の部屋でやるのではなくリビングで時間を決めて使わせる、といった、スマートフォンの使用方法の延長のように子どもと使い方について話し合う必要があるかもしれません。

　3章で詳しく述べますが、危険な事例や大きな失敗事例はニュースや巷で見聞きしたときをきっかけに子どものいる場で話題にしながら、日頃から使い方を共有することで、おおむね防ぐことができると思います。こういった危険に気を配りながら、インターネットの便利な部分や楽しく有益な部分、教育に使える部分などは積極的に使っていけばよいと思います。

　「スマートフォンのことはわからなくて〜」という方は、親も一緒にスマートフォンに買い替えて、一緒に使い方を勉強するというのも手です。有害コンテンツを遮断するフィルタリングも携帯電話用の3G・4G回線用、ウェブブラウザー用のもの、アプリ用のものと複雑化しています。変わりゆくインターネットの世界と情報通信メディアを積極的に使いながら、親も学ぶ姿勢が大事になってくるのではないでしょうか。

日本独自の進化を遂げた
ガラケー（ガラパゴスケータイ）

　日本の携帯電話は、着うた、着メロ、ワンセグ、edy（おサイフ携帯）など日本独自の進化をとげてきました。世界のスタンダードを無視してその国オリジナルの発展をとげた姿を他の島から隔離されて独自の進化をとげたガラパゴス諸島の生物にたとえて表された言葉です。

　最近ではスマートフォンの普及により、ガラケーの所有台数はだんだんと減ってしまっていますが、今でも機種変更の際にスマートフォンからガラケーに戻す人もいるなど、一部のユーザに愛されている端末でもあります。電池の持ちがよかったり、壊れにくかったり。自分のライフスタイルに合わせて端末を選ぶといいですね。

1.3 情報化で劇的に変わる生活

最近では私たちは生活の中でたくさんの情報通信メディアに囲まれるようになってきました。

IoT (Internet of Things) という言葉を聞いたことはありませんか。コンピュータやスマートフォンなどの情報通信メディアだけでなく、身の回りのあらゆるモノに通信機能を持たせ、インターネットに接続したり、相互に通信したりするのです。これにより、自動認識や自動制御、遠隔計測などが可能になりました。私たちの家庭内にあるような身近なものでさえ、インターネットにつながり、スマートフォンやタブレットから操作可能になっています。

我が家の子どもたちは、クリスマスプレゼントにトミカのドクターイエローのプラレールを祖父母からもらいました。通常のプラレールと違うのは、このドクターイエローには運転席と車窓にカメラがついていて、インターネット接続でカメラの映像をスマートフォンやタブレットから見ることができるという点です。プラレールの線路の高さに視線を合わせるようにうずくまりながら電車を走らせて遊ぶ従来の遊び方から、スマートフォンを見ながらカメラ映像を楽しむといった遊びに変化しました。

最初は小さなスマートフォンの画面に頭をくっつけて同じ画

従来は…

今どきは
おもちゃもIoT

面をのぞき込んでいた子どもたちですが、ディスプレイにスマートフォンを接続してあげると、自分たちの組み立てたプラレールを走る車窓からの眺めや運転席からの眺めが大きな画面で表示され、大喜びしました。

これまではプラレールといえば、線路をつなげて、車両にこだわって遊ぶだけでしたが、線路のコースを作りながら、さらに横にぬいぐるみや建物、他のおもちゃを並べてみては、「大きすぎて映ってないよ！」と大はしゃぎ。低い位置に車両と同じくらいの高さの人形を並べるとうまく映ることを発見し…と、これまでにはなかった「車窓からの眺め」に凝りだしました。

さらに7歳の兄と4歳の妹がプラレールの線路を組み立て、

そこを走らせたドクターイエローの運転席からの映像を10歳の長兄が「弟妹がどんな線路を組み立てたかを推測して紙に経路を絵で描く」というゲームが始まりました。このように同じ『プラレール』という電車型のおもちゃであっても、インターネットにつながるかつながらないかで遊び方が異なってくるのです。

　また、お掃除ロボットであるアイロボット社の「**ルンバ**」もインターネットにつながる機種が登場しました。対応するアプリを使って外出先から掃除を開始したり、スケジュールの設定をしたりできるようになっています。急遽友だちが来ることが決まっても、外出先から操作することで自宅に帰ったころには掃除が終わっているという使い方もできます。

　玄関ドアにもスマートフォンで操作できる製品が登場しています。Qrio株式会社の「**Qrio Lock（キュリオロック）**」は普通に普及している玄関ドアの鍵をそのまま使い、カギ交換や穴あけの必要もなく、IoT化させることができる製品です。外出先からスマートフォンを使って鍵の状態を確認したり、施錠・解錠をすることもできます。操作したことをスマートフォンの通知で受け取ることもできるため、留守番をし始めた小学生の子どもを持つ家庭からは「子どもが帰ってきたときに開錠したことを知らせてくれる機能が便利」といった話も聞きます。

　そのほかにも、インターネットにつながったカーテンを自動開閉する機器「**めざましカーテンmornin'**」（株式会社ロビッ

ト）も販売されています。自分の生活リズムに合わせてスマートフォンで設定した時間に自動でカーテンを開閉することができます。太陽の光を浴びて身体を起こすことができる、というわけです。

　また、スマートフォンから照明のオン・オフ、明るさや色の変更などができるLED電球「Philips Hue（フィリップス　ヒュー）」（フィリップス　ライティングジャパン合同会社）も発売されています。ダイニングで子どもが勉強するときには明るい白色、夜子どもたちが寝た後で、夫婦でワインを飲むときにはムーディーな暖色といったように同じ電球で色を変更することができます。スマートフォンの位置情報と連動させることで、外出時の電気の消し忘れ防止や、家の近くまで帰ってきたら自動的に部屋を明るくしておくといったことまでできます。

　スマートフォンとつながる乾電池「MaBeee（マビー）」（ノバルス株式会社）は見た目の形状やサイズは単3形乾電池と同じなのですが、インターネットにつながるようになっており、中に一回り小さい単4形乾電池を入れて使用するような電池です。スマートフォンから電池のオン・オフを制御したり、電池の電流を操作することで、市販の電池で動くおもちゃを違った遊びへと発展させることができます。例えば、自宅にあるプラレールもこの電池を使うだけで、オン・オフをスマートフォンから制御することができ、自分で運転している気分が味わえます。

このように身の回りのあらゆるものがインターネットにつながり、身の回りの生活や遊び、これまでの常識などが変わっていく時代がきています。そしてこれからの世代を支える子どもたち世代がこういったものの新しい使い方を考え、提案し、生活を変えていくのです。

 また、スマートホームといった、家そのものがIoTやAIなどの技術を駆使して住む人にとって安全・安心で快適な暮らしを実現する住宅も増えてきました。パナソニック株式会社の「**スマ@ホーム**」は家に設置したカメラとスマートフォンが連動して外出先から家を見守れるホームネットワークシステムです。防犯対策だけでなく、ペットの留守番や高齢者の一人暮らしの見守りといった様々なニーズに使われるようになっています。

 KDDI株式会社の「au HOME」も外出先から家電操作や電気使用量を確認したり、子どもやペットの様子を確認・会話することができたりするシステムです。

 中部電力株式会社が提供する「ここリモ」は赤外線リモコンを設置するだけで、現在自宅で使っている家電をそのままで、スマートフォンでコントロールできるようにするシステムです。エアコンの快眠コントロールや遠隔でのタイマー操作、また電気代の予測機能などをスマートフォンから操作することができます。月額サービス料は無料で専用の赤外線リモコンを購入さえすれば使えるので導入も手軽で、敷居が低いのではないでしょうか。

スマートスピーカーもずいぶん一般家庭に普及してきました。対話型の音声操作に対応したAIアシスタントを利用可能なスピーカーで、音声のみで操作できるものです。Amazonが開発した「Amazon Echo」に、Googleが開発した「Google Home」。LINEが開発したAI「Clova」に対応する「Clova WAVE」も発売されました。また日本発売はまだアナウンスがありませんが、Apple製の音声認識AI「Siri」に対応する「Apple HomePod」も米国などでは発売されています。

　「明日の天気は？」と聞くと「東京地方の明日の天気は晴れ、気温は15度で…」といったように検索結果を答えてくれるのです。これまではスマートフォンやパソコンを開いて、天気予報のアプリを開いて、と検索していたのが、何かをやりながら、音声で検索ができ、耳で情報を得ることができるというのはとても便利です。また、「ニュースを読んで」とお願いすれば、その日のニュースを読み上げてくれますし、「クラシック音楽を流して」と言えば、音楽配信サービスから適したプレイリストを探してきて再生してくれます。これ以外にも、検索エンジンを用いた調べ物の他、家電の操作、そして雑談といった多岐にわたってAIアシスタントが活躍します。

　「Google Home」だと「OK Google」もしくは「ねぇGoogle」の音声コマンドで起動するといったように、話しかけるキーワードを使って起動し、音声入力で検索や操作を行います。わざわざ起動コマンドを言わなければいけないのはちょっと煩わし

1 子どもを取り巻くネット社会の現状

いと最初は思うかもしれませんが、日ごろ子どもたちと話すときにも「ねぇ、まきちゃん、今日雨降るかどうか知ってる？」などと最初に名前を呼びかけて話しかけたりしていますよね。それと一緒の感覚なので、違和感がなく起動コマンドとして使いこなせるのかもしれません。

　家の中だけでなく、普段の買い物もインターネット購入が増えてきています。Amazonや楽天の他、インターネットオークションや、中古品の「**メルカリ**」での売買も挙げられます。こういったものはキッズ携帯や携帯電話（一部を除く）からは購入できませんが、スマートフォンからは簡単に購入ができ、子どもがスマートフォンを持つ時点でインターネットを利用した売買も可能になることを気にしておかなければいけません。例えばメルカリでは、未成年者の場合、親権者が同意していれば大丈夫と利用規約に記載されています。

　このように生活の中でも様々なところでインターネットに接続されており、私たちがすでに恩恵を受けているものもあるのです。

ネットにつながるお掃除ロボ

　iRobot社のお掃除ロボット『ルンバ』もインターネットにつながる時代です。アプリではルンバが掃除した箇所をひと目で分かるマップを作ってくれる機能である「クリーンマップ」もあり、とても便利です。あるとき、アプリで我が家のルンバのマップを子どもと一緒に眺めていたところ、小学生の息子が、「ここの部分は何？」と興味を示したのは、ダイニングにあるぽつぽつと掃除できていない箇所。テーブルの脚と椅子の脚の部分でした。このマップを見て、「学校では机の上に椅子をひっくり返してのせてから掃除をするよ」という息子の提案で、我が家でもルンバをスタートする前に、椅子を机にのせることにしたのでした。こうやって簡単だけど、とてもいいアイデアを子どもが出してくれることもあるのです。

1-4 学校の情報化

　さて、今度は子どもたちにとって身近な学校に目を向けてみましょう。我が子の通う公立小学校でも2017年から電子黒板が一斉に導入されました。小学校1、2年生ではひらがなや漢字といった新しく習う文字の書き順をアニメーション表示するのに使っていたり、算数の教科書を大きく表示して、そこへペンで書き込みをしていったりという使い方をしています。教科書を大きく写すだけなら電子黒板である必要はなく、書画カメラなどでも十分なようにも思いますが、子どもたちの持っている教科書のデータが電子黒板には保存されていて、映し出された電子黒板に直接マーカーで注釈を書き込みながら教えていけるメリットがあります。

　意味のわからない言葉や、つまずきやすい言葉には、その意味を表示できるようになっていたり、インターネットを使って検索して調べたりといった使い方もできます。高学年になってくると英語の読み上げに使うなど語学の授業でも効果を発揮しています。また、保護者会では普段の様子の写真やビデオを見るのにも使っています。

　公立小学校でも1クラスの子どもたちが1人1台のノートパソコンを使って授業を受けることができるパソコンルームが整備されている小学校が増えてきました。我が子が通う小学校で

もパソコンルームを使う授業があります。例えば、社会科の授業で調べ学習をするためにパソコンルームに行った際には、調べるテーマは先生が決め、そのテーマに沿って子どもたちがキーワード検索をして調べていったそうです。調べることが得意な人は自分でキーワードを自由に考えて検索していきますが、中には調べるのが苦手な子どももいます。そうした子どもには、先生がキーワードをいくつか提示して、それを使って調べて行くような授業を展開しています。「関東大震災から東京を復興させた人のことを調べたんだよ。後藤新平って知ってる？」と楽しそうにその授業で調べたことを話す長男を見ていると、先生から教わるだけでなく、自分から情報をつかみに行く、「自分で調べたんだ」という自信がつく授業であったように思います。

　学校での教育は、「**アクティブ・ラーニング**」という授業に変わりつつあります。これまでの「教師がする講義を児童生徒が受けて学ぶ」という受動的な授業ではなく、グループワークやディベートなどを取り入れて、自ら進んで学ぶタイプの能動的な授業形態に切り替わりつつあるのです。学校指導要領にも「アクティブ・ラーニング」という言葉ではなく、「主体的・対話的で深い学び」という表現で、小中学校でもその取り組みに向けた授業改善が行われることが書かれています。パソコンを使った授業をこういったアクティブ・ラーニングと結び付けて行っている学校も増えています。

1_子どもを取り巻くネット社会の現状

　品川区立京陽小学校では2014年度から全学年・全クラスにおいて国語・算数・音楽・図工・生活科・社会科・市民科（品川区で設置しているもの）などの多くの教科にわたってプログラミングを取り入れた教育を行っています[※]。例えば、図工科の授業の「プロジェクションマッピングを発表しよう」という単元では、机や椅子のない教室で子どもたちがグループ単位で劇を演じ、互いに鑑賞するということを行っています。こういったときには通常は背景などの大道具を用意するのですが、この授業では背景として大きな白布を用意して、そこへプロジェクタを用いて子どもたちが「Scratch」というプログラミング言語で作成した画像や動画を投影して場面ごとに切り替えることで、劇を進行させて行きます。

　このように公立の小学校であっても、パソコンを使った授業やプログラミングを使った授業が導入され始めています。

　さらに、インターネットを活用した新しい通信制高校「**N高等学校（N高）**」も2016年4月に開校しています。「ニコニコ動画」を代表とするウェブサービスの会社であるドワンゴと、出版社でありIT企業であるカドカワが作ったこの通信制高校は、教育の在り方をまさに変えようとしています。生徒を一か所に集めて一人の先生が同じ教室で指導するのではなく、日本中から時間や場所を気にすることなくインターネットにアクセスして授業を受けられるスタイルです。スマートフォンからアクセスしやすいように工夫された授業に、双方向でのコミュニケー

※　情報処理学会会誌「情報処理」特集　学校まるごとわくわくプログラミング　―品川区立京陽小学校の事例―57（12），2016年12月号

ションがしやすいツールを導入するなど、インターネット上での高校ならではの学習環境を整備してあり、開校初年度から生徒数が2,000人を突破するなど、正式な高校卒業資格がとれる「高校」として人気を集めています。興味のある方は書籍『ネットの高校、はじめました。―新設「N高」の教育革命―』（KADOKAWA）も参考にしていただけると良いかと思います。

1-5 情報通信メディアを活用した授業の事例

　パソコンルームに行っての授業や、電子黒板での授業はなんとなく想像がつくかもしれません。2020年から始まる小学校でのプログラミング教育を目前とし、教育現場でのICT (Information and Communication Technology：情報通信技術）の利活用が急速に進んでいます。私の母校である、鷗友学園女子中学高等学校（世田谷区）が「BYOD (Bring Your Own Device)」という、「自分で持っている機器を学校に持ち込んで使用する」授業を2018年4月から始めています。鷗友学園は中学と高校の6年一貫教育を行っている私立の女子校です。BYODを導入したことにより授業と生徒はどう変わったのか、少し紹介してみたいと思います。

　まずは物理の授業での光景です。

　「さて、公式を覚えているか確認テストをしてみます。テストを送りますね」と先生が合図します。「送ります?!」と私が

1 _ 子どもを取り巻くネット社会の現状

自身のデバイスで、物理のテストを受ける生徒たち。

思っている横で、生徒たちはタブレットやスマートフォン、ノートPCなど自分のデバイスを取り出して、「**ロイロノート・スクール**」というツールにログインしていきます。そこへ、先生から送られてきたテストが表示されます。

　フリック入力で答えを書いたり、ペンタブレットで手書きしたり。ノートPCのキーボードをタイプして解答を記入するなど、さまざまな形でテストに答えていきます。

　生徒たちがテストに解答した後はすぐに、みんなの答えの一覧を黒板にプロジェクターで投影するとともに、生徒たちの画面にも表示され、解答をみんなで確認していきます。

ジグソー法を使ったグループ学習

　確認テストが終わったら、次はグループ学習です。ここでは「ジグソー法」という協同学習のための方法を用いてのグループ活動を行っていました。具体的に様子を説明すると、まず、生徒たちが4、5人でグループを作るように指示されます。その中で1番から5番までを決めるように伝えられました（4人グループは、2番から5番までを決めるようにとのこと）。生徒たちはどのグループも、じゃんけんで適当に順番を決めていました。

　その上で、出されたお題はこちらです。

（1）運動エネルギー
（2）重力による位置エネルギー
（3）弾性力による位置エネルギー
（4）力学的エネルギー保存則（1と2の組み合わせ）
（5）力学的エネルギー保存則（1と3の組み合わせ）

　それぞれ、「選んだ番号の公式を知らない人にでも分かるように伝えるよう、学んでプレゼンをする」というのがお題です。ここで、（1）（2）（3）は既習の内容だったのですが、（4）（5）は未習の内容です。つまり、生徒によって、復習の人と予習の人がいることになるわけです。

　次に今のグループのメンバーを覚えておいて、同じ番号同士

を選んだ人のグループに組み替えます。この同じテーマの人たちで、与えられたお題について学び、どのように伝えたらまだ学んでいない人にでも理解してもらうことができるのかを考え、プレゼン資料を作り、発表練習をします。最後に、最初のグループに戻って、自分が学んできたことをプレゼンするという流れです。

さて、この「学ぶ」「調べる」「プレゼン資料を作る」といった作業にデジタル機器をいくらでも使ってよいというわけです。与えられた授業の残り時間はおよそ30分。ここで、先生からの注意として3つの禁止事項が言い渡されました。

- **知恵袋などで「至急答えてください」はダメ**
- **Wikipediaで調べるのはダメ（すでにまとまっているから）**
- **解説動画は見ないこと（分かりやすく教えてくれる物理の先生もいるから）**

先生は、説明の仕方はどんな方法でも良く、文字だけでなく絵で説明しても良いし、動かして説明したほうがわかりやすいと思ったら動画を使っても良いと説明されていました。また、「図やグラフ、文字を読み取って、自分の力で考えて、どのように伝えたら良いか考えてもらうのが目的です」と、この授業の狙いをきちんと生徒に伝えていました。

「（2）重力による位置エネルギー」を選んだグループでは、何やら話し合いをしていたかと思ったら、「先生、チョーク割ってもいいですか？」と発言。同じ長さ、同じ太さのチョーク

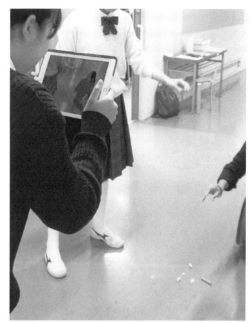

異なる高さからチョークを落とす実験を、動画に撮影する生徒たち

を異なる高さから落として、片方だけ割れるところを動画に撮影して、プレゼン資料を作成していきました。短い時間で相手に伝えられるよう、自分たちで工夫していきます。

　発表は翌日の授業で行います。今日の授業でやったことをクラウド（詳しくはP.71で後述）にアップロードしておき、家でもグループディスカッションの続きができる仕組みを利用して生徒たちで話し合いの続きをするのだそうです。クラウドでの情報共有には「Google Classroom」というツールを使ってい

ました。

 さて、単にグループ学習をするのではなく、このようなジグソー法を使うメリットはどこにあるのでしょうか。

 グループを組んだときには、引っ込み思案な生徒もいれば、中心的存在になりやすい生徒もいます。やる生徒、やらない生徒が出てきてしまいがちなのがグループ学習の欠点です。一方でこのような、元の自分のグループに話し合いの結果を持ち帰らないといけないジグソー法を用いると、必ず話し合いに参加しなければならないことになります。発表資料は分担してグループで作り、その後にプレ発表→準備→グループに戻って発表

「ジグソー法」とは

 講義形式ではなく、5、6人のグループ形式での学習法で、以下の条件で行われる。

- グループのメンバーが互いに、「自分しか知らない情報」を持っている
- 全員が協力して初めて全体像が分かるようになることを満たすようなお題を設定する

 通常、グループ学習を行う場合は、全員で同じ文章を読んでそれについて話し合うが、「ジグソー法」ではひとつの単元をいくつかの項目に分けて、それをグループのメンバーが「それぞれ1つずつ」担当して学習する。

となります。つまり、最終的なグループに戻っての発表のときにはすでに原稿を見ないで自分の言葉で話せるようになっているという流れになっているのがポイントです。

授業を良くするためのデジタル化を考える

英語の授業では、英作文を先ほど紹介したロイロノートで共有します。先生の添削した文章をみんなで共有することで、友だちの答えも含めて学ぶことができます。これにより、参加しない自由がなくなるというわけです。

国語の授業では、黒板にプロジェクターで教科書の文章を映し、直接チョークでその上から注釈を書いていきます。これまでの「教科書の文章を黒板に写す時間」を節約することができます。デジタル黒板を導入しなくても、「黒板＋プロジェクター」でこういった使い方も可能なのです。

鷗友学園では、各先生にはずいぶん前からWindows PCとiPadを貸与しています。PCは学校据え置きですが、iPadは家に持ち帰るなど自由に使ってよく、先生自らが使ってみて、どう授業に使えるのかを考えてもらっているのだそうです。その結果、すべての教科に一斉にデジタル機器を導入するのではなく、「それぞれの教科で入れられるところからデジタル機器を入れていく」ことで、先生側としても無理のない授業を行えているといいます。

教員に話を聞くと、全員がデジタルデバイスを得意としてい

1 子どもを取り巻くネット社会の現状

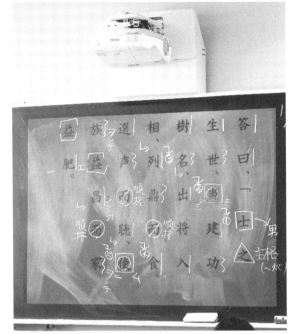

黒板にプロジェクターで映した上に、チョークで注釈を書いていく

るわけではないそうです。案内をしてくださった吉野明名誉校長は「デジタルを使う授業（時間）と使わない授業（時間）があって良い。これまで工夫してきた授業を大切に、さらに良いものにするツールとしてデジタル機器をそれぞれが使える形で使ってほしい」とおっしゃっていました。デジタル機器導入にあたって、このスタンスを共有することが大事なのではないでしょうか。

次世代の授業はこうなる

　このように、鷗友学園においては高校では授業中にスマートフォンを積極的に使っているが、中学生の間は校内で出したら「お預かり」し、保護者に返すようにしているといいます。高校でも必要のないときに出したら、適宜指摘するそうです。

　中学生にはスマートフォンホやタブレットといった情報通信メディアは使わせずに、「目と目を合わせてのコミュニケーションが大事」という教育を行っています。自分と相手、双方を大切にしながら自己表現を行うコミュニケーションスキルである「アサーション（Assertion）」という言葉を聞いたことがあるでしょうか。これを訓練する「アサーション・トレーニン

案内していただいた吉野明名誉校長（左）と筆者

グ」を行っているのだそうです。

　また、アナログでしっかり読み、手で書くという作業を経験させることも大事です。たくさんの新聞や本を読んで、自分の手で書くという論文指導も行っているそうで、高校でも休み時間に自分のスマートフォンに没頭するといったような姿は、一切見られませんでした。

　「中学でこういう指導を行っているからこそ、高校で一歩踏み込んだ情報通信メディアを使いこなすような指導ができます。生徒への教育は学校の中で完結するのではなく、社会との関係の中で考えて行かないといけません。今の社会の動きを考えた結果、このようなBYODによる授業の導入を決めました。生徒とは信頼関係で成り立っていますね」と吉野明名誉校長は話されています。

　BYODで行うからこそデバイスを大事にするし、1人1台で使うからこそ、社会で求められているさまざまな能力を、能動的に身に付けることができるとも吉野先生は話されています。もちろん、先生も生徒も初めての試みではいろいろと気になる点も出てくるかもしれません。しかし、「生活指導面はやりながら考えよう。問題が出てきたらその場で先生と生徒が一緒に考えよう。先生も分からないことだらけなのだから」とも話していらっしゃいました。

　このようにすでに情報通信メディアを導入した授業が日本国内でも始まっています。ここで紹介した例は、私立一貫校なら

ではの試みという面もあるとは思います。けれども、次世代の教育現場は少なからずこのような形になっていくのではないでしょうか。

2
インターネットでできること

本章では情報通信メディアを使ってできることを項目別に掘り下げながら、見ていきましょう。

2-1 検索

スマートフォンでもパソコンでも便利な機能の一つに「検索」があげられます。わからない言葉があったとき、知りたいことや場所など、検索をすれば世界中からすぐに情報を得ることができます。

例えば、「テーマパーク」について知りたいとき、ただ1つの単語で調べても自分の欲しい結果にたどり着けないときには、「テーマパーク　東京　雨」などのように、言葉を増やしどんどん絞り込んでいくことで目的の検索結果にたどり着きやすくなります。また、「とは検索」といって、知りたい言葉の後ろに「冬至とは」のように「とは」をつけて検索すると、その言葉の意味や説明が調べられ、辞書のような使い方もできます。検索するサイトのことを「**検索エンジン**」と言いますが、よく使われる検索エンジンには「Google」「Yahoo」などがあります。また、画像検索ができるサイト、ブログの検索に強いサイト、論文検索用のサイトなど、検索エンジンにも様々な種類があり、目的に応じて使いこなすことで素早く自分の欲しい情報にたどり着くことができます。また、日本語で検索して見つからないときには、英語で検索をすると世界中の情報の中から検

索結果が提示されて欲しい情報が見つかります。このように検索をする際はある程度の知識や利用するための能力（「**リテラシー**」とも言います）も必要となってきます。

パーソナライズ化によるフィルターバブル

さて、この「検索」ですが、インターネットの世界では今、ものすごい勢いで「**パーソナライズ化**」が進んでいます。例えば、「Google」の検索は誰に対しても同じ結果を返しているわけではないのをご存知でしょうか。これはなぜかというと、各ユーザがログインした場所や過去に検索した言葉などの情報を使って、そのユーザがどういった人物でどういうものを好むかを推測したうえで、その人個人に最適化した情報を提示しているからなのです。これを「**パーソナライズドフィルター**」といいます。ニュースやブログ記事、SNSなどの多くの情報が私たちの周りには存在していて、この情報のスピードについていくのは大変難しいという現状があります。そのような中で、なるべく早く自分の欲している情報にたどり着くために、パーソナライズドされた**フィルター**を使うことができるのは、非常に魅力的なのです。知るべき情報や見るべき情報などを短時間で簡単に見つけられるようになるからです。

一方でこのようなフィルター機能によって、一方的な見地に立った情報しか手に入らなくなることを「**フィルターバブル**」と呼びます。自分が見たい情報だけを見ることができるように

なることで、欲しい情報に素早くたどり着けるといったメリットがある一方で、自分の知らないことや反対意見などは検索されにくくなるというデメリットがあるのです。

例えば、「Amazon」から薦められる商品、「楽天」などのショッピングサイトから商品を購入したあとに送られてくるメール、おすすめ商品の表示、購入履歴、閲覧履歴、「Google」の検索ワード、「Googleメール」にきたメールのテキスト情報、などなど……。これらの細切れの情報をつなぎ合わせることで、特定のユーザに、特定のものを買わせたり、特定の行動をとらせたり、といったことも可能になるかもしれません。フィルターの強度によっては自分自身が操られてしまう懸念があるのを使う側としては意識しておく必要があります。2016年に行われたアメリカの大統領選でもフィルターバブルの影響が報じられ

ています。

　加えて、フィルターバブルには「見えない」といった問題点もあります。フィルターバブルの内側から見たかぎりでは、その情報がどれほど偏向しているのかまずわかりません。これを読んでいるみなさんも知らず知らずのうちに、ログインした状態で検索をしたり、ちょっと欲しいなと思って検索したバッグが毎日右側に広告が出てきて、ますます買いたくなったりといった経験をお持ちかもしれません。「みんながこう言っている」「最近、子どもの教育に関するニュースが増えたよね」といった状況は本当に偏りがない意見や情報なのかどうか、一度考えてみてもいいかもしれませんね。

　さて、このような行き過ぎたテクノロジーを制御するための仕組みもあります。例えば、**「オプトアウト（無効にする）」**ボタンというものを使ったことはあるでしょうか。検索したりウェブサイトを閲覧したりするたびに何度も表示される「広告」をそのままにしておくのではなく、非表示にすることができます。また、なぜこの広告が表示されるかの理由（「25歳から34歳の女性に表示しています」のような理由）を表示したりすることができるものもあります。こういった機能を活用してみることもお勧めします。

　例えば、株式会社サイバーエージェントではユーザに最適な広告を提示するために、ユーザがWebサイトにアクセスした、サイト訪問履歴情報を利用して、ユーザの利用しているブラウ

ザに対して、Cookie（クッキー）を送信してこれを記録し、Cookie情報を参照することで行動履歴情報を蓄積して利用していますが、そのことをきちんとWEBサイトで開示しています[※]。このCookie情報として所得・蓄積・利用する情報には、個人情報（氏名、生年月日、住所、電話番号、メールアドレス、ユーザーID、クレジットカード情報その他の記述等により特定の個人を識別することができるもの）は含まれず、Cookie情報によって特定の個人が把握、認識されることはないと明記されています。

　フィルターバブルのデメリットとして、**セレンディピティ**（serendipity）を減少させることも指摘されています。セレンディピティとは、何かを探しているときに、探しているものとは別の価値あるものを見つける能力や才能を指す言葉です。偶然見つけた検索結果や自分が意図しなかった情報から、これまでとはまったく違った方針で解決することができるかもしれない。知識が得られるかもしれない。そういったものに遭遇する可能性がフィルターバブルによって減少するというのです。

　これはデジタルデバイスを使用する際には是非気にしてもらいたいことの一つです。例えば、言葉を検索するとき、昔ならば国語辞典や百科事典を開いて言葉を探します。そのとき、その言葉の前後に載っている言葉もちらっと見え、気になれば読んでみます。デジタルで瞬時に答えにたどり着く検索方法ではそういったことは起こりづらく、目的の情報しか得られません。

　※　CAMP by CyberAgent　http://www.ca-mp.jp/legal/optout.html

けれども、そのことを知っていて意識することで、なるべく類義語や対義語が載っている辞書検索サイトを使用したりと工夫することはできるでしょう。

人や機械がまとめたサイトの情報の偏り

検索をした際には、まとめサイトなどを参考にすることも多いのではないでしょうか。しかし、このようなまとめサイトやコンテンツでは、人や機械による編集の課題もあげられます。例えば、よく使われるまとめサイトである**ウィキペディア（Wikipedia）**では「誰でも編集できるフリー百科事典です」と書かれていることからもわかるように、誰でもページを作成し著者になれます。もちろん、この本を読んでいるみなさんも、です。専門家でなくてもページを作ることができ、その情報の信頼性がどのくらいあるかどうかわからないままであっても記載が可能というわけです。そのページを読んだ他の読者が他の情報を付け加えたり、間違った情報を削除したり、より信頼性のある情報へ編集・追記したりとすることで、一度作成したページがアップデートされていきます。というわけで、編集過程を知ると、「ウィキペディアに書いてあるから絶対正しい情報だ」と思いこむのは危険だということもわかっていただけると思います。現に間違っている内容もよく見かけます。

他には、「**ハフィントンポスト**」では、外部の専門家投稿記事（ブログ）を重視しており、投稿コメントの事前選別を行っ

ています。こういった、機械的もしくは人的に不必要な情報をカットすることで意図的に表示するコメントを操作することは、そのサイトの言論の質を保つためにも必要かもしれません。けれども、まとめサイトを利用する私たちは、掲載されている情報が「操作された情報」であることを認識しているでしょうか。

　他の会員制のまとめサイトなども規約を見てみると、情報を精査してから掲載している旨が明記されているものがよくあります。一方で、どこにも明記せずに意図して「ノイズを削除する」ケースも存在するのです。そのため、口コミにいい情報ばかりが書いてあるからといって、必ずしもそれを100％信頼することはできないといった面もあります。

　またメディアによる情報の差もあります。1つのことを検索して、最初に出てきた検索結果だけを信じるのではなく、同じ事件に関するニュースでも新聞に掲載されている内容、週刊誌に掲載されている内容、Twitterでつぶやかれている内容、いろいろなニュースを見比べてみましょう。情報量の違いや直接見聞きした一次情報なのか、間接的に得た二次情報なのかといった違いにも注目してみると、情報を判断する力が養われていくでしょう。

2-2　ソーシャルメディア・SNS

　誰もが参加できるように、双方向のコミュニケーションがで

2_インターネットでできること

ソーシャルメディアの例

- 掲示板
- ブログ
- ソーシャル・ネットワーキング・サービス(SNS)
- 動画共有サイト
- ライブストリーミングサイト
- レビューサイト

きることを前提に設計されたメディアを**ソーシャルメディア**と言います。子どもたちがスマートフォンを持ちたがる理由の上位に上がるのがソーシャルメディアを使いたいからという理由だそうです。「SNS」という言葉を聞いたことがないという人はすでにいないのではないでしょうか。**ソーシャル・ネットワーキング・サービス(SNS)** とは、同じ趣味や目的などをもった人たちが集まって交流を行うコミュニティ型のサービスのことです。多くのSNSはブログ機能、掲示板機能、チャット機能やミニメッセージ機能などを備えており、気の合う仲間同士でわいわい会話を楽しむことができます。

ソーシャルメディアには、先に挙げたSNSのほか掲示板、ブログ、動画共有サイト(YouTube、ニコニコ動画など)など、様々な**プラットフォーム**(サービスを提供する場)があります。中でもSNSは特に若者に人気で、2018年に成人式を迎える新成

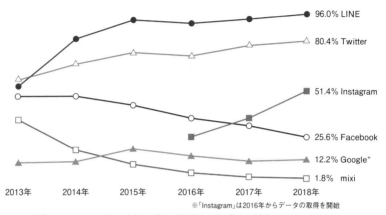

出典:マクロミルが2018年に成人式を迎える新成人を対象に行なった調査
https://gaiax-socialmedialab.jp/post-40749/

人を対象に行なった調査によると、よく使うSNSの1位がLINE（ライン）、2位がTwitter（ツイッター）となっており、どちらも2016年からゆるやかに上昇し続け、この6年間で過去最高となっています。また、3位のInstagram（インスタグラム）は急激に成長しており、4位のFacebook（フェイスブック）との差は2倍にまで広がっていることもわかります。

小学生や中学生のお子さんでは、年齢制限も気にする必要があります。LINEでは基本的には年齢による制限は設けられていません（2019年7月現在）。ただし、ID検索など一部の機能は18歳以上でないとできない仕組みになっています。Twitterはもともと13歳以上を対象にしていたものの、2017年3月のア

ップデートの際に、新たに年齢制限が加わり「17歳以上」となりました。Facebookは13歳以上から利用可能、Instagramの利用規定も13歳以上から利用可能となっています。

　ここでは、SNSの中でも、LINE、Instagram、Facebook、Twitterについて具体的に説明します。それぞれのサービスの人気度を測る指標にアクティブユーザ数というのがあります。アクティブユーザ数とは特定の期間にそのサイトを訪れた数を表していて、同じユーザが同じ期間に何度もサイトを訪れても、1人とカウントされます。こういったサービスでは登録しても結局使っていなかったり、同じユーザが何度もアクセスしてそれを延べ人数でカウントしていたりといったこともあるので、「アクティブユーザ数」の多いツールやサイトは本当に多くのユーザが使っていることの信頼度にもつながります。

LINE（ライン）とは

　LINEとは、無料[※1]で友だちとおしゃべりや通話ができるアプリで、月間アクティブユーザは2億1700万人以上との発表があります（2018年12月現在）。ユーザの主要4か国が日本・台湾・タイ・インドネシアであり、日本国内の月間アクティブユーザは7600万人以上です[※2]。1対1でのトーク（文字での会話）の他、グループを作って仲間内だけで連絡を取り合うのに便利な「**グループトーク（インターネットを介して文字で行う会話）**」や、写真の投稿やゲーム、企業の公式アカウントで情

※1　携帯電話会社の回線を使わずにデータ通信を使って通話するもので、携帯電話会社の通話料金がかからないことから「無料電話」などとよばれています。ただし、データ通信は使うので、携帯電話の定額データ通信料などは消費することになることに注意が必要です。
※2　LINEアドセンター　公開資料　https://adcenter.linebiz.com/mediaguide/

LINE画面

報や割引券を入手したり、と、多様な利用方法があります。また、スマホでアカウントを持っていたら、同じアカウントをパソコンからも利用できる「PC版LINE」なども用意されています。

　LINEが発表している資料[※3]によれば日本国内のユーザ属性について、男女比はやや女性が多く、幅広い年齢層に利用されており、約半数が会社員の利用、次いで主婦、学生と公表しています（次ページ図）。私の周りでも、大学での研究室内での連絡にも、子どもの小学校のPTA役員での連絡にもグループLINEを利用しています。若い世代だけでなく、おばあちゃんともLINEで会話をするなど、幅広い世代に受け入れられてい

※3　https://www.linebiz.com/jp/download/

2_インターネットでできること

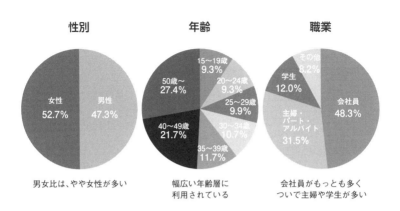

調査機関：マクロミル社・インターネット調査（2018年7月実施/全国15〜69歳のLINEユーザーを対象/サンプル数2,060）

LINEアカウントの利用層
出典：LINE公式アカウント媒体資料2019年4月

るのもLINEの特徴です。

　LINEで最も使われているのは「トーク」と呼ばれるチャット機能です。テキストでのメッセージや写真、動画などを会話のようにリアルタイムで送れます。また、手軽に気持ちやメッセージを伝えられる「スタンプ」も多くのユーザが利用しています。かわいいものから面白いものまで、たくさんの種類のスタンプがあり、LINEが親しまれているポイントにもなっています。

　いまや生活において必要不可欠なツールになりつつあるLINEですが、「既読表示」機能という受信者が返事を出さなくてもメッセージを呼んだことが送信者に伝わる仕組みがあり、これが便利でもあり、問題になることもあります（詳しくは

P.92 3-2「LINEを使ったいじめ」で述べます)。

Instagram(インスタグラム)とは

　写真共有に特化したアプリケーションで、月間アクティブユーザ数が10億人を超えて、なお拡大し続けるInstagram(インスタグラム)。2010年にiPhoneアプリがリリースされた際には、簡単に写真を撮影して加工し、共有できるアプリは珍しく、あっという間に人気となりました。2017年には「**インスタ映え**」が流行語大賞を受賞するなど認知度も高まり、日本国内の月間アクティブユーザ数も、2018年12月現在で2000万人を超えると発表されています。また、お店などの企業でもインスタ映えが意識されており、企業のマーケティングツールとしての需要度も高まっています。

Instagramの画面

2_インターネットでできること

　写真を撮ってアップするだけでなく、様々なフィルター（画像処理）をかけてオシャレに編集して、「素敵な写真・動画をアップする」ことができます。2016年から始まった、投稿した写真・動画が24時間で消える「Instagramストーリーズ」により、気軽に日常の光景をシェアできるようになりました。（ただし、**ストーリーズハイライト**という機能を使うことで、24時間が経過したあとも閲覧は可能になります。）

　他のSNSと同様に、フォローする、フォローされるといった仕組みがありますが、Instagramにおいて多くのフォロワーを持ち、強い影響力を持つ人たちは「**インスタグラマー**」と呼ばれ、大きな宣伝・広告効果を持つようになりました。

　2018年6月には、Instagramの画像に商品名や値段をタグ付けでき、**ECサイト**（Electronic Commerceサイトのことで商品の売買を行うサイト）に誘導できる「ショッピング機能」が日本でも利用できるようになりました。Instagramで見つけた気に入った商品をそのままクリックして購入ができるようになったのです。これにより、物を購入するときの導線が一気に短縮されたと言えるでしょう。

　また、Instagramは「保護者のためのInstagramガイド」の日本語版を2018年8月に発表し、ホームページにて閲覧、ダウンロードができるようになっています[※1]。このガイドは世界各国版が作成されていますが、日本語版でも、「**本アカ**」「**サブアカ・裏アカ**」[※2]といった日本での言葉を使いながら、なる

※1　https://help.instagram.com/154475974694511
※2　アカウントを複数持っていて、メインで使っているアカウント「本アカ」と、特定の趣味の人や、仲の良い人にだけ教える別のアカウント「サブアカ」「裏アカ」を分けて使用するユーザも多い。

べく身近な言葉でわかりやすく説明されています。Instagramは若い世代に普及しているほど、まだ親世代では使われていないかもしれません。けれども、このガイドは、Instagramを使う子どもを持つ親世代、そして先生世代には是非一度は目を通していただき、子どもと話し合うきっかけにしてみてほしいと思います。

Facebook（フェイスブック）とは

　世界で14.5億人以上（2018年10月現在）が毎日使うSNSであり、国内でも月間アクティブユーザ数が2800万人もいます。また、多くの企業もアカウントを持っていて情報を発信しています。また、実名で使用することも特徴的です。

　「**タイムライン**」にはこれまでにユーザ自身が投稿した記事や写真、自己紹介や友達などの情報がまとまっています。「友達」には直接つながっているユーザが表示されています。「友達リクエスト」では自分宛てにリクエストを送ってきたユーザを承認したり、「知り合いかも」という予測機能から「友達になる」をクリックして、自分からもリクエストを送ることができます。友達を検索できる機能もあるので、「知り合いかも」に表示される以外の友達を探して、リクエストを申請することも可能です。Facebookで知り合いを探す際は、名前で検索しても同姓同名の人がたくさん出てくることもあります。そんなときには、ユーザごとのタイムラインの情報をもとに、本当に

探している人物かどうかを判断します。

Twitter（ツイッター）とは

　Twitterとは、「ツイート」という1回140文字までのメッセージを投稿するSNSです。日本国内では「**つぶやき**」とも呼ばれています。ユーザ登録をしてアカウントを作りますが、これは本名でもあだ名でも匿名でも使うことができます。また、ツイートを非公開設定にするか公開設定にするかをアカウントごとに選ぶことができます。非公開設定にしたアカウントのことを「**鍵アカ**」と呼ぶこともあり、公開アカウントと鍵アカを使い分ける人も増えています。

　自分の興味があるツイートをつぶやくアカウントを「**フォローする**」ことで、自分の「タイムライン」と呼ばれる、つぶやかれたツイートの一覧へ、フォローしたアカウントのツイートが表示されるようになります。友だちをフォローすることも、解除することもいつでもできます。発言されたツイートはWeb上に公開されているので、その人が自分のツイートを非公開に設定していなければ、Twitterユーザでなくても、読むことができるというのもポイントです。

　他人のツイートに対して返事をしたり質問をしたりすることを「**リプライ**」と呼び、この機能を使ってユーザ同士で会話をすることができます。また、自分が言葉としてつぶやかなくても、自分が読んだツイートを他の人にも広めたいと思った場合

には、「**リツイート**」という機能を使って、自分がつながっている人へ情報を拡散することができます。この情報拡散が早いのがTwitterの特徴です。

　一般のユーザに加え、企業や、芸能人、キャラクター、政治家など、様々な立場の人がTwitterで情報発信をしています。アカウントはあるけれども、自らの情報を発信するのでなく、好きな芸能人やスポーツ選手の動向を追う目的で利用している若者も多く、そういったユーザは「リツイート」がメインの使い方をしていたりします。このように緩くつながれるメディアでもあり、また拡散力のあるメディアでもあるのがTwitterの特徴です。

　ところで、Twitterのユーザ数は一時的に減少しています。というのも、2018年の5、6月にbot（ボット、P.64のコラムに詳細）や偽アカウント、スパムアカウントなど約7000万件ものアカウントを削除したことが原因と考えらます。こういった「アカウントの整理」はプラットフォームの健全化を測り、ユーザが安全に、そして安心して使える環境を整えるためには必要なのです。

　このようにソーシャルメディアでつながり、双方向のコミュニケーションが取れることで、現実世界ではなかなか会えない人とも気軽に会話をしたり、写真のやりとりをしたりすることが簡単にできるようになりました。また、グループ機能などを

使うことによって、オンライン上に同じ場を共有したりすることができます。それぞれのSNSの多くは自己紹介文や画像を表示する機能などがありますし、友だちにしか見せないですむような日記機能も備わっています。他の公開されたサイトに比べて安心して会話をしやすい状況であるために、多くの若者に受け入れられているのでしょう。

　オンラインでのコミュニケーション自体が今や文化として確立されてきており、現実世界でのコミュニケーションと同様、現代の若者にはなくてはならないコミュニケーション手法の1つになってきているといえます。

botでSNSはより便利に。
使い方には注意も必要

　SNSにはbot（ボット）という自動化ツールもあります。これは「ロボット（robot）」が語源で、指定した時間に自動ツイートするbotや指定したキーワードに反応してリプライするbotなど種類はさまざまです。天気を教えてくれるbotや、レストランの検索を手助けしてくれるbotなど、世の中にはたくさんのbotが出回っています。このbot機能をうまく利用することによって生活が便利になったりします。自動的にフォロワーを増やしたり、場合によっては何もせずに自動で収益を上げることもできるbot。

　実はbotは、初心者であっても子どもであっても簡単に作ることができるのも特徴です。私の大学の研究室ではゴミ当番を決める「ごみ捨て当番ゴリラbot」を学生さんが作成し、毎週ゼミのある火曜日の14時に「今日のごみ捨て当番は、もっちさんです。」などと学生さんの名前をゴリラがランダムに発言してごみ捨てを促しています。中学生くらいであれば自分でbotを作ったことのある人もいるでしょう。

　面白い使い方や便利な使い方がある一方で、悪意をもった使い方も簡単にできてしまうので注意が必要です。botであることを隠したままで、フェイクニュースやゆがめられた情報を拡散し続けるbotもいるので注意しましょう。

今日のごみ当番は、もっちさんです。

2 3 アプリ

スマートフォンの「**アプリ**」とはアプリケーションソフトウェアのことです。スマートフォン本体はハードウェアでしかなく（つまり入れ物）、その中身である「アプリ」を自由に選んでインストールして、自分仕様のスマートフォンとして使っていきます。アプリには様々なジャンルがあり、生活に役立った

様々なアプリがあります

生活に役立つアプリ
　通信（メール、メッセージ交換、電話、ビデオ通話など）、SNS、天気、地図、乗り換え案内、グルメ案内、カメラ、カレンダー、家計簿、健康チェック、ニュース、新聞、広告チラシなど

勉強に役立つアプリ
　辞書、翻訳、百科事典、語学、受験問題集、暗記術など

仕事に役立つアプリ
　手帳、スケジュール管理、文書作成、計算機、名刺管理、録音、データ保存、スキャナーなど

趣味に役立つアプリ
　ゲーム、動画視聴、音楽、ラジオ、電子書籍、コミック（漫画）、雑学、観光ガイドなど

り、勉強を助けてくれたり、仕事に使えるものもあります。

　アプリはそれぞれ、Apple社のiPhone（アイフォーン）を使っていたら、Apple社の**App Store**（アップストア）から探してダウンロード、Google社のAndroid（アンドロイド）を使っていたら、Google社の**Google Play**（グーグルプレイ）から探してダウンロード、Windows社のタブレットを使っていたら、**Microsoft Store**（マイクロソフトストア）から探してダウンロードといったように、基本的にはモバイルオペレーションシステム（OS）メーカーが運営するアプリケーション配信プラットフォームから利用します。アプリには有料のものもあれば無料のものもあります。また、中には基本的には無料だけれども、ゲーム内で課金をすると良いアイテムが手に入りゲームをクリアしやすくなるなど、課金制のものもあります。

2-4　動画視聴

　「**YouTube**（ユーチューブ）」はアメリカのYouTube社が運営する動画共有サービスです。誰でも無料で動画をアップロードでき、アップロードされた動画は誰でも無料で閲覧できるというサービスです。子どものスマートフォンやタブレットの使い方としてこういった動画視聴のウェイトがかなりの割合を占めています。

　YouTubeは一度動画を見ると、見終わった後にお勧めの動

画や関連動画が表示される仕組みになっています。また、「**チャンネル**」という機能があり、そのユーザがアップロードした動画や再生リストを表示することができるようになっています。チャンネルはアカウントとは異なり、同じユーザでも「この動画はAチャンネル」「これはBチャンネル」のように、複数のチャンネルを作り、動画をアップロードすることが可能となっています。お気に入りの動画があったときに、この「チャンネル」を登録することで同じユーザの他の動画にアクセスしやすくする仕組みです。

　もともとは個人が撮影・作成した面白い映像を共有して楽しむために作られたサービスですが、テレビやDVDなどから集めた映像が、著作権に違反した形で公開されていることもあります。著作権の侵害になる映像のアップロードは利用規約で禁止されており、映像の著作者側から削除要請があればすぐに削除される仕組みではありますが、利用者がすぐに再アップロードを行うなど、いたちごっこの状態となっているのも事実です。一方で、YouTubeに対する注目度を重視し、プロモーションビデオやCMビデオを公開するなど、商業的に利用する動きも広まってきています。

　テレビと違って好きなものを好きなときに見ることができること、そして繰り返しお勧め動画が表示されることから子どもたちは延々と見続けてしまうのです。2章1節の「検索」のところで挙げた「フィルターバブル」は動画視聴でも当てはまり

ます。一度見るとその動画に関連した動画や同じチャンネルの動画が表示されるので、同じユーザの動画を繰り返し見る現象が起きていきます。また、一度攻撃的な動画やアダルト系の動画に行ってしまうと、その系統の動画ばかりが推薦されて元のまともな動画に戻ってこられないといった欠点もあります。

　子どもにとって不適切なテーマを扱った動画を避けるには子ども向けYouTubeアプリ「YouTubeKids」を利用したり、そのほかの動画配信サービス（HuluやNetflixなど）の子ども向けチャンネルを使うという手もあります。YouTubeKidsのタイマー機能を使えば、動画を見る時間を制限することができます。

　是非、視聴履歴を子どもと一緒に一度見てみてください。同じ系統の同じユーザの動画ばかり毎日毎日見ていると口調もうつってきたり、それが当たり前だと思ったり、日常生活に支障をきたすようなことも起きたりします。特に子どもが小学生のうちは、保護者は見せっぱなしにするのではなく、時々は子どもが見ている動画や視聴履歴を確認するようにしたほうがよいでしょう。

　YouTubeの動画再生で得られる広告収入を主な収入源として生活する人のことを「YouTuber（ユーチューバー）」といいます。YouTuberは子どもの将来就きたい職業としても上位にランクインする[※]など、子どもにとってあこがれの存在にもなっており、実際に小学生に人気の「キッズYouTuber」もいます。

　　　※　ソニー生命「中高生が思い描く将来についての意識調査2017」より「将来なりたい職業」
　　　　で「YouTuber」が男子中学生の3位、女子中学生の10位にランクインしている。
　　　　https://www.sonylife.co.jp/company/news/29/nr_170425.html

2_インターネットでできること

　若年層に人気の動画共有サイト「**ニコニコ動画**」はドワンゴが運営する日本最大級の動画サイトです。「ニコ動」とも呼ばれるこのサイトが若者に人気になったのは、単に動画コンテンツを鑑賞できるからだけではありません。その動画に自分のコメントや感想を気軽に書き込める仕組みがあることで、見知らぬユーザ同士で意見を交換し合えることが人気につながったと考えられています。しかも、ニコニコ動画ではその書き込みが動画の進行と同時に表示されるので、あたかも「みんなで同じときに同じものを見ている」という錯覚が生じやすいのです。こういった、疑似的に同期的コミュニケーションが成立していることが魅力の１つになっているのです。

ニコニコ動画

コラム

YouTuber
誰もがメディアプロデューサーに

　誰でも簡単にYouTuberになれる時代。何も特別なことではありません。先日、栃木県日光市にある東武ワールドスクエアという世界の建造物や世界遺産を25分の1のスケールで再現した世界建築博物館へ家族旅行で行ってきました。自分がガリバーになれる世界です。3人の子どもたちには旅行鞄に荷物を詰める際に「ぬいぐるみ」をそれぞれ持って行っていいよと伝え、それを撮影するためのiPod touchも持参しました。私は世界旅行に行ったつもりでぬいぐるみと一緒に写真を撮るとばかり思っていたのですが、息子たちが始めたのはYouTuberごっこ！「はーい、次はエッフェル塔に来ました〜。フランスですねー」などと本格的。構図やセリフなどにも凝りだして、ただYouTubeを見ているだけではわからなかった「撮影する側」「撮影される側」を体験していました。これをアップすればあっという間にYouTuber。昔は芸能人しかテレビには出られませんでしたが、YouTubeはこのように誰でも簡単に発信者になれるのです。

2 _ インターネットでできること

2 5 クラウド

　これまでは、Wordなどの文書作成ソフトで作ったファイルやExcelなどの表計算ソフトで作成したファイル、デジタルカメラで撮った写真や動画などは、コンピュータ本体に保存していました。コンピュータの保存容量が足りなくなったら、外付けハードディスクを利用したりしていました。ところが、最近では「**クラウド（クラウド・コンピューティング）**」という利用形態が急速に普及しています。

　クラウドの特長としては、利用にあたってコンピュータ（サーバー）がどこにあるかを意識することがなく、雲（クラウド）の中にあるコンピュータを地上から利用しているようなイメージで使うことができます。こういった形態で利用するサービスを「**クラウドサービス**」と言います。

　よく利用されているものとしては、「Gmail」や「Yahoo!メール」などのWebメールが有名です。Webメールはサービスを使い始めるときには、最初にユーザ名やパスワードの登録をするだけで、メールのアプリケーションをパソコンにインストールしたり、メールを保存するためのフォルダを作ったりという作業は必要ありません。メールサーバーをどこに置くということを一切気にすることなく、すぐに使い始めることができるのです。

これはパソコン上ではなく、クラウド上にメールを見たり送受信したりする機能や、データの保管場所があるためです。自分のパソコンでなにも用意しなくてもブラウザからアクセスするだけでメールを使うことができます。

　そのほかにも、写真や動画を保存する「Googleフォト」や、ファイルをバックアップしたり、他のユーザとデータを共有したりデータを受け渡ししたりするのに便利な「Dropbox」「Google Drive」「Onedrive」といったファイルストレージサービスなども使われています。

　クラウドという言葉が初めて使われるようになったのは2006年頃のことです。当初は、企業が社内の業務用サーバーを減らし、コストを節約する目的で普及しました。その後、インターネットでさまざまなアプリケーションを提供するサービスが拡大していき、今では一般ユーザ向けのクラウドサービスも多数普及し、便利な機能や手軽さからなくてはならないものになってきています。クラウドを活用したさまざまなサービスが急速に発展してきた理由の1つに、ネットワークの通信速度が速くなったことが挙げられます。アクセスするスピードが速くなったことで容量の大きいファイルであっても、動画であっても快適にアップロード・ダウンロードすることができるからです。

　また、高速インターネットがいつでも、どこでもつながるような世の中になりました。「クラウド」を使えば、スマートフォンとノートPCのどちらからでもアクセスでき、ビジネスで

2_インターネットでできること

もプライベートでも、大活躍というわけです。このおかげで、スマートフォンにデータやアプリケーション自体を入れていなくても、インターネットにつなげさえすれば地図を見たり、電車の時刻を調べたりと、さまざまなことができるようになりました。

2 6 フィルタリング

子どもたちを犯罪などの被害から守る基本的な仕組みに「**フィルタリング**」があります。**フィルタリングサービス、フィルタリングソフト**などが、有害と考えられるサービスへの接続をブロックする仕組みです。つまり、フィルターをかけて、通り抜けたもの（安全だと判断されたもの）だけにアクセスができるのです。

インターネットは有益な情報、便利な情報もたくさんありますが、アダルトサイト、違法情報サイト、出会い系サイト、暴力的な表現のあるサイトなど、子どもたちにアクセスさせたくないサイトもたくさんあります。フィルタリングを使えばこういったサービスにアクセスできなくなるので、犯罪・被害に遭う可能性がかなり低くなります。判断が未熟な子どもたちをこのような情報から守り、楽しくインターネットを使うためにはフィルタリングの利用は欠かせません。

フィルタリングの仕組みは大きくわけて、ホワイトリスト方

式とブラックリスト方式の2つがあります。ホワイトリスト方式は、健全なサイトのみをリスト化し、それ以外は見られないようにします。ただし、リストにない健全なサイトも見られなくなってしまうという欠点もあります。ブラックリスト方式は、有害なサイトをリスト化し、それらのサイトを見せないようにします。しかし、この方式では、リストから漏れた有害なサイトを見ることができてしまうという欠点があります。

政府では、2009年に施行された「青少年インターネット環境整備法」という法律に基づいて、青少年のインターネット利用に関する取り組みを進めていますが、この中でもフィルタリングの普及は重要な柱となっています。この法律では携帯電話サービスを18歳未満の青少年が使う場合、保護者はそのことを携帯電話会社に申し出ることが義務付けられており、保護者が不要と言わない限り、携帯電話会社はフィルタリングサービスを

2_インターネットでできること

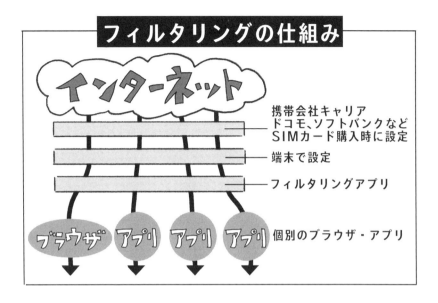

つけた状態でサービスを提供しなくてはならないことになっています。

しかし、青少年でスマートフォンを利用している人のうち、約半数はフィルタリングを使わずにインターネットに接続しているという報告もあります。子どもたちはその気になれば、アダルトサイトや違法情報サイト、出会い系サイトなどにアクセスすることができるのが現状なのです。実際、被害に遭った児童の8割強は、フィルタリングサービスを全く利用していませんでした。契約時からつけていないケースが最も多く、被害児童の保護者になぜフィルタリングをつけなかったか尋ねると、「特に理由がない」という答えが最も多く、信念を持ってとい

被害にあった児童のフィルタリング利用状況

○ フィルタリングの利用の有無が判明した被害児童のうち、8割強が契約当時から利用していない。
○ 契約当時からフィルタリングを利用していない被害児童において、保護者の多くがその理由を「特に理由はない」と回答しており、関心の低さが見られた。

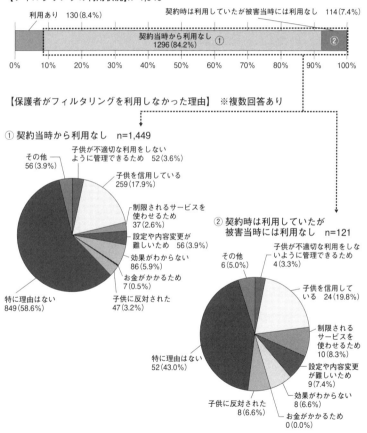

出典:平成30年度青少年の非行・被害防止対策公開シンポジウム – 内閣府 –

2 インターネットでできること

うよりも、関心が低いことがうかがえます。

　実はこういったフィルタリングは複雑で、フィルタリングを申し込んでいても抜け穴があるのです。先に挙げた携帯電話、スマートフォンの購入時に携帯電話会社が提供することを定められているフィルタリングサービスは携帯電話回線経由で有害とされるサービスをブロックするものです。無線LAN（Wi-Fi）接続が抜け穴になっており、家庭のWi-Fiやお店、駅などの公衆無線LANサービスを使えば、フィルタリングを使わずにインターネットに接続できるのです。状況は改善しつつありますが、まだ手付かずの問題もあるのが現状です。

　また、アプリの利用も抜け穴の一つです。携帯電話回線が基本的に提供するフィルタリングは標準のインターネット・ブラウザ（インターネット閲覧ソフトのこと）を利用したときには機能しますが、他のアプリ経由では機能しない場合があります。

　こうした状況を防ぐには、携帯電話会社の提供するフィルタリングサービスに加えて、無線LANに対応したフィルタリングと、アプリの利用制限とを合わせて利用する必要があります。そのため、携帯電話ショップの窓口で申し込んで終わるものではなく、保護者が家庭で設定しなければなりません。しかし、こうしたサービスは非常に複雑で、わかりづらいものです。

　また、フィルタリングには様々な種類があるという説明をしましたが、さらにモバイルコンテンツ審査・運用監視機構（EMA）[※]という団体が「青少年の利用に適した運用をしてい

※　https://www.ema.or.jp/ema.html

スマートフォン・携帯電話のフィルタリング機能の利用有無

問：あなたのお子様が使っているスマートフォンや携帯電話では、フィルタリング機能を利用していますか。

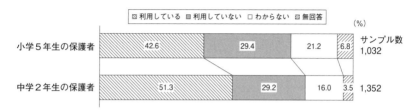

出典：日本PTA全国協議会「平成30年度　子どもとメディアに関する意識調査」

る」と認定したアプリに関しては、携帯電話会社のフィルタリングの対象外となっており、LINEやGREE（グリー）などがあてはまります。また、iPhoneなどのiOS端末では、そもそもアプリをフィルタリングで禁止することができません。

　さて、実態はというと公益社団法人日本PTA全国協議会の『子どもとメディアに関する意識調査』では上の図のように、フィルタリングを利用しているのは小学5年生では4割、中学2年生でも半分にとどまっており、残りは「利用していない」「わからない」となっています。

　「わからないから何もしない」のは一番良くありません。なぜフィルターが必要か、何が危険な情報なのか、を子どもと話し合う時間を持つことが大事です。また、子どもから「このSNSは安全だよ！だってみんなやっているから」と言われたりもするでしょう。もし、特定のアプリだけフィルタリングを外

すときには、なぜそのアプリにフィルタリングがついているのか、そのアプリはどういう使い方ができるのか、どのように使えば良いのか、などということを子どもと話し合うのが良いでしょう。SNSという名前を掲げているが実態は出会い系というものも存在します。フィルタリングを外すときには、どういう使い方をしないことにするか約束をするのが良いでしょう。

　デジタルアーツ社が提供する「i-フィルター」というフィルタリングアプリは有料ですが、ダウンロードして設定することで、スマートフォンやタブレット、iPod touchやゲーム機などインターネットにつながるさまざまな機器にフィルタをかけることができるという特長があります。

　最新のフィルタリング情報については、「安心ネットづくり促進協議会」[※]に情報が載っています。また、インターネットやスマートフォンを使うときに知っておくべき情報をまとめたリーフレットも無料でダウンロードできるので一度チェックをしてみると良いでしょう。

2_7　コンピュータウイルス

　今はパソコンよりも身近になったスマートフォン。パソコンと同様に**コンピュータウイルス**についても注意する必要があります。コンピュータウイルスとは、コンピュータに入り込んで悪さをするプログラムのことです。ウイルスがコンピュータに

※　https://www.good-net.jp/

入り込むことを「**感染する**」と言います。ウイルスに感染してしまうと、知らないうちにコンピュータの中にある情報が盗まれてしまったり、大切なデータが消されてしまったり、勝手に他の人にウイルスがついたメールを送ってしまったりします。メールやSNS、インターネットだけでなく、スマートフォンには交通系カードやクレジットカードなどの決済機能も搭載できるので、感染したときの被害は深刻です。

　ウイルスはどこに隠れているかわかりません。まずは、知らない人から届いたメールには注意が必要です。添付ファイルなどがついていても開けてはいけません。それがウイルスのプログラムかもしれないからです。コンピュータが感染する前に、ウイルス対策ソフトを使って予防しましょう。しかし対策と発生はいたちごっこです。ウイルス対策ソフトが作られればそれを回避するような新しいウイルスが生み出されます。このようにウイルスはどんどん進化していくため、ウイルス対策ソフトは常に最新の状態にしておく必要があります。

　大手通信キャリアでスマートフォン（Android端末）を購入した場合は、ウイルス対策アプリがあらかじめインストールされていることが多いので、これを使うのが良いでしょう。ただし、ちゃんとアプリアイコンをタップして起動しないと機能が有効にならないため、忘れずに起動させる必要があります。また、あらかじめインストールされていない機種もあります。その場合は自分でアプリを検索してインストールする必要があり

2_インターネットでできること

ます。ウイルス対策アプリと名の付くアプリが多くありますが、有料のものもあれば無料のものもあります。そして機能も様々です。新種のウイルスへの対応やサポート、機能面のことを考えると、マカフィー、トレンドマイクロ、ノートンといった大手セキュリティベンダーの製品を選択することをお勧めします。そしてもし感染してしまったら、まずインターネットの接続を完全に切り離すことが先です。そのあとでウイルス対策ソフト等で感染したウイルスに合った対処法を確認し、各ソフトの指示に従ってウイルスを駆除していくようにしましょう。

スマートフォンなどの端末はキャリアと呼ばれる通信会社

Wi-Fiの種類

ホームWi-Fi

自宅のインターネット環境。

公衆Wi-Fi（有料）

Wi-Fiプロバイダーが提供しているWi-Fiなど。強固な暗号方式のパスワードで保護されている。

公衆Wi-Fi（無料）

お店や空港、ホテルや地方自治体などが提供しているWi-Fi。パスワードが不要、もしくはWEP方式が多い。

野良Wi-Fi

誰が提供しているかわからないWi-Fi。

（au・ソフトバンク・ドコモなど）と契約し、契約内容に基づいて通信できるデータ量が決まっています。契約しているデータ量の上限を超えると、通信スピードなどが制限されます。これを「**通信制限（または速度制限）**」といいます。通信制限された場合、Wi-Fiに接続できる場所「**Wi-Fiスポット**」ではWi-Fiに切り替えて接続している人が多いです。

　しかし、無料で接続できるWi-Fiは注意が必要です。暗号化されていないデータは内容が読み取られやすくなります。また、パスワードを利用するタイプであったとしても公衆Wi-Fiで利用してるものは**WEP方式**（無線通信の暗号化技術の１つ）が多く、この方式はセキュリティの脆弱性が指摘されており、比較的簡単に暗号化を解除できてしまいます。例えば、GPS機能を使って居場所を監視されたり、LINEやメールが流出したり乗っ取られるかもしれません。検索した文字列や、入力した住所氏名や、cookieのデータも全部見えてしまうので、IDとパスワードを知らなくてもログインした状態で持ち主になりすましてサービスを使われてしまうかもしれません。

　コンビニや公共施設など、無料でインターネットにつながる**公衆Wi-Fi**はあちこちにあります。子どもたちはそういう場所に群がってオンラインゲームをしたり、通信をしていたりします。マンションの踊り場や、個人宅の庭先など、どうしてこんなところに子どもたちが集まっているの？というところにはだいたい**野良Wi-Fi**があったりします。回線が早くてパスワード

のかかっていない個人の無線LANルーターの電波が誰でも使える状態だったりもします。そもそも、親が気付かないうちに、子どもにインターネットにつながる端末を手渡していないか、確認してみることも大事ですね。

　怪しいアプリを入れないようにすることも大事です。「無料バッテリー長持ちアプリ」とか「無料占いサイト」などの無料のサービスには特に注意を払いましょう。無料で提供する代わりに、ウイルスを仕込んだり、個人情報を吸い上げたりするような仕組みになっているかもしれません。

　また、スマートフォンではアプリを入れる際に電話帳の利用を許可してしまうと知人の連絡先情報が流出してしまうのでインストールする前に利用規約をしっかり読み、電話帳へのアクセスを求めるものについては注意するようにしましょう。ただの懐中電灯アプリなのに、電話帳へのアクセスを求められるケースもありました。本当にそのアプリの機能を使うためにアクセスが必要なのか、検討してから許可するように心がけると良いでしょう。

3

ネットにひそむ危険
－トラブルの例と対策－

本章では、スマートフォンやインターネットを使うことでのトラブルの例と対策について述べたいと思います。子ども自身が知り、考え、行動を起こさないといけないものですが、親がこういったデジタルの現状について知っていることで防げることもあります。

3-1　インターネットを使ったいじめ

　安全なコミュニケーションのためには何に気を付けたらよいでしょうか。実生活において、人の悪口を言ってはいけないことは、誰もがわかっています。しかし、インターネットの中では、相手の顔が見えない状況で、さらにこちらの素性を明かさずに発言ができるという気軽さもあり、ついつい普段なら面と向かっては言わないような悪口を書き込んでしまう人がいます。けれど、インターネットでも普段の生活でも、「他人の悪口は言わない」というのは守るべきマナーです。犯罪の予告や特定の人に対する脅迫を書き込んだことにより逮捕されたケースもたくさんあります。インターネットの世界だからといって何をしてもいいわけではないのです。

　インターネット上で行われるいじめ「**ネットいじめ**」は子どもたちのインターネット利用に関する深刻な問題の一つです。ネットいじめが注目されるようになったのは、2006年ごろと言われています。メールで「死ね」などといったひどい言葉が送

られたり、掲示板に悪口が書かれたりすることが問題になりました。2007年になるとネットいじめの事件の報道が目立つようになります。大量に悪口のメールを送った中学生が逮捕されたり「**学校裏サイト**」に書かれた中傷を削除せずに放置したとしてサイトの管理人が書類送検されたり。高校生が暴行の様子を撮影して動画投稿サイトに投稿するなど、ネットいじめが社会的に大きな問題となりました。

　2008年には文部科学省が『「ネット上のいじめ」に関する対応マニュアル・事例集（学校・教員向け）』を公表しています。文部科学省では毎年度、秋に「児童生徒の問題行動・不登校等生徒指導上の諸問題に関する調査結果」を発表しています[※1]が、この調査にはいじめについての調査が含まれており、「いじめの態様」の調査の中に、「パソコンや携帯電話等で、誹謗中傷や嫌なことをされる」という項目が設けられていることからもいまだに注目すべき問題とされていることがわかります。

　この項目の調査は2006年からのデータですが、2013年でネットいじめの比率が上がるのは、多くの中高生がスマートフォンを持つようになった時期でもあり、スマートフォンがネットいじめに使われるようになったからではないかと言われています。

　ネットいじめにもいろいろな種類があります。先のメールのように個人が特定攻撃されたり、グループから外されたりすることもあります。掲示板やチャットなどで、話の流れを妨害したり、他人が不快な気分になるような文章を書き込む行為やそ

※1　http://www.mext.go.jp/b_menu/houdou/30/10/1410392.htm

うする人のことを「**荒らし**」といいますが、掲示板やチャットに「荒らし」が登場すると、悪口、嫌み、いやがらせ、いじめ、うそ、下ネタといった関係のない話題などで荒らしていき、その場のムードが悪くなってしまうこともあります。「荒らし」はこういった掲示板などで最も嫌われる行為の1つでもあります。

　また、何かがきっかけとなり、否定的なコメントであふれかえってしまい、サイトの管理人だけでは対処しきれないような状態のことを「**炎上**」といいます。ネット上で不道徳な発言をしたり、軽い気持ちで誰かの悪口を書き込んだりすると、それに怒った人がコメントを書いてきたり、それが広まってしまうことがあるのです。

　インターネットの世界では毎日のように世界中のどこかでもめごとや炎上が起こっています。その中には本人にほとんど責任がないような場合もあったりします。

　また、匿名の掲示板などでは、使っているユーザたちは本人かどうかを確認するすべもありません。誰か別の人、別のキャラのふりをして書き込みをしたりすることもできますし、男の人が女の人に成りすますこともできます。著名人のふりをしたり、他の人のふりをして書き込む行為のことを「**成りすまし**」といいます。顔が見えないからこそ、年齢をごまかしたり、性別を偽ったりすることも簡単にできてしまいます。常にうその可能性を気にしておくと良いでしょう。

3 _ネットにひそむ危険-トラブルの例と対策-

　さて、掲示板での会話も普段の会話も同じように見えますが、普段の会話は残さないと消えていきます。でも掲示板などでの会話は消さなければ残り続けます。誰かがどこかの掲示板に書き込んだ情報はその一部だけを取り出して、他のサイトに**コピペ（コピー＆ペースト）**されるかもしれません。そのようなときには前後の文脈を無視して、一部だけ切り出した状態でコピペされると、もともと書き込みをした本人の意図にそぐわない形で拡散されていくことだってあり得ます。文字情報はサイトの管理人が消してくれたとしても、「**魚拓**」といって、画像で保存している人がいるかもしれません。それを拡散されることもあるのです。

　対面でのコミュニケーションでは、言語だけでなく顔の表情や声の大きさ、視線、身振り手振り、ジェスチャーなどの非言語の情報も使って、相手の発する「言葉」の内容だけでは知りえない情報も得ています。けれども文章だけでは、そういった情報を伝えることができません。声や表情が伝わらないため、何気ない一言で相手を傷つけたり、誤解されてしまうこともあることを認識する必要があります。直接会って話をするときよりも言い過ぎてしまうこともありますし、**ヘイトスピーチ**[※2]も発生しやすいともいわれています。メールなどのように１対１で閉じた情報だと思っていても伝言ゲームでもあり、他の人に伝わっていくうちに最初のニュアンスと違うように伝わってしまったり、その伝わる過程に見知らぬ人が入っていて前提とす

※2　人種や出身国、民族、宗教、性別、障がいなど自分から主体的に変えることが困難な事柄に基づいて個人や集団を攻撃、脅迫、侮辱するような言動。

る知識が違ったりといったことも起こりえます。

　そこで、柔らかい雰囲気を出すために「わかってるってば(笑)」などというように、「(笑)」などをつける文化もあります。ちなみに最近では話し言葉として、「わかってる〜かっこわらい」などという表現（言葉で"かっこわらい"までを発音する）を使う小学生も増えています。LINEではスタンプが文字だけのコミュニケーションに加えて柔らかさや印象などを伝える役割を担っているといえるでしょう。このように、メールやLINEを使う際には言葉（文章）だけのコミュニケーション手段であることを改めて認識し、その上で発信、理解する必要があります。

音としては同じ「わかってるよ」だとしても、与える印象が異なる。

「わかってるよ」
「わかってるよ。」
「わかってるよ！」
「わかってるよ？」
「わかってるよ（笑）」
「わかってるよ〜〜（爆笑）」
「わかってるよ（^o^)／」
「わかってるよ（T_T）」
「わかってるよ!!（怒）」

3 ネットにひそむ危険ートラブルの例と対策ー

インターネット上では匿名で情報を発信したり受け答えをしたりできる場もたくさんあります。けれども、たとえ匿名であったとしても、うそやいいかげんなことを書いてはいけません。インターネット上では思ってもいないスピードで情報が拡散していきます。適当に書いたことが真実だと思われ、広まることで周囲の人に迷惑をかけることだってあります。また、差別的な発言やマナーに反する書き込みもいけません。匿名性のあるインターネットでも、たとえ子どもでも、自分の発言には責任を持つようこころがけるのが大事です。

そして、書き込みが匿名で行われていても、必ずしもその人を特定できないわけではないことを知っておく必要があるでしょう。法律的に責任をとらないでいいというわけでもありません。先ほど、匿名の掲示板などでは、使っているユーザたちは本人かどうかを確認するすべもありませんと述べましたが、「その時間に誰が接続していたか」といったデータは全て携帯電話会社やインターネットプロバイダによって記録されています。警察からの開示要求があれば、開示されることになっているのです。もし万が一これらの掲示板で被害に遭ったり、悪質な誹謗中傷などをされた場合には、必ずその証拠を残しておくことをお勧めします。警察が捜査を始めれば、必ず加害者は特定され、相応の罰を受けることになります。また、簡単に加害者側になることも考えられます。どのようなことに気を付けるべきか、ぜひ子どもと話し合ってみることをお勧めします。

さて、我が子が掲示板などでいじめに遭ってしまったときにはどのようにしたら良いでしょうか。もし、自分が悪口を書かれてしまった場合であっても、怒って逆に相手の悪口を書き込んではいけません。子ども同士の場合、反論の書き込みをすることで、悪口がエスカレートしてしまうことがあるので、注意が必要です。こういった悪口の書き込みを見つけたら親や周りの大人に相談するように約束しておきましょう。そして、マナー違反の相手に何を書かれてもそれは気にする必要がないことを子どもには伝えてあげると良いでしょう。また、荒らしに対する一番いい対策は無視をすることと言われています。嫌なことを言われて、いちいち反論していると話題がそれてしまうし、逆に相手が調子に乗ってしまうこともあるからです。

3-2 LINEを使ったいじめ

LINEの基本機能に関しては2章で述べました。今の子どもたちはLINEが普及して学校でのコミュニケーションがそのまま学校から帰宅した後にもLINE上で続くようになっています。

トークとよばれるチャット（おしゃべりという意味）のようなもので文字や、**スタンプ**と呼ばれる大きめの絵文字などでテンポのよい会話を楽しみます。そのほかにも、写真や動画、ファイルや位置情報などを送ることができます。また、**グループ機能**を使って、一度に多くの人で会話をすることができます。

3 ネットにひそむ危険－トラブルの例と対策－

仲良しグループの作成はもちろん、それ以外にも、クラス全員やクラブ活動ごとにグループを作って連絡を取り合うのに使っているのも特徴的です。2014年にベネッセ教育総合研究所が行った調査では、中学1年生から高校2年生までの学年別LINE利用率は、中1でクラスの半分以上が、高校生になると9割ほどが使っていることがわかります。そしてポイントになるのが、どの学年でも、スマートフォン所有者よりもLINE利用率のほうが多い状況になっています。つまり、スマートフォン所有者はLINEを使うのは当たり前で、スマートフォン非所有者であっても、ガラケーや携帯型音楽プレイヤー（iPod touch）などを使って、LINEを使っていると推測できます。

そして、便利なコミュニケーションツールのように見えるLINEですが、いじめの問題も軽視できない状況になっています。

既読スルー

LINEには相手が読んだかがわかる「既読表示機能」がついています。これは相手が返信しなくても読んだことがわかるのでとても便利な機能です。例えば、遠隔地に住む一人暮らしのお年寄りを抱えた家族であれば読んだことがわかれば安心しますし、すぐに返事ができない災害時などでも読んだことがわかれば安否確認につながります。このように便利なはずの既読表示ですが、子どもたちは読んだらすぐに返信するのが当たり前と考えがちです。「既読」表示がつくのに返信がないと「**既読**

スルー」としてグループの中で問題になるようになりました。むしろこの「既読表示」があるからすぐに返事を送らないといけない、と不安に駆られてしまっているのです。そして「既読」がつかないように、スマートフォンの「通知」でメッセージを確認して、自分が返信する時間がないときにはあえて「既読」をつけないように意識している子どももいます。

このように「**即レス**」（即時にレスポンス＝すぐに返事をする、の意味）が求められる子どもたち。これまでのメールでのコミュニケーションでもこのような『何分以内』ルールはありましたが、LINEになると、『何秒以内に返信する』といったようなよりリアルタイムなコミュニケーションのルールが子どもたちの間ではできてきているのです。

会ったことのない友だちがグループに
LINEでは携帯電話やスマートフォンに登録されている電話帳からの自動登録機能があり、電話帳に登録されている人でLINE利用者がいる場合には基本的には自動でLINEの「友だち」に登録されていきます。いちいち連絡先を登録しなくても無料通話やトークで連絡を始められるのが便利な機能です。

電話帳に登録されていない人と「友だち」になるには、
・**相手が自分を「友だち」にしていると、自分からも相手を「友だち」にできる**
・**近くにいる人同士がスマートフォンで一定の操作をして端末**

を振ると、互いに友だち登録ができる、「ふるふる機能」を使う
- LINEアプリでQRコード（2次元バーコード）を表示させ、他の人のLINEアプリでQRコードを読み込んでもらうと、相手から自分を友達登録できる
- LINE IDという文字列を設定し、相手にLINE IDを検索してもらうと相手から自分を友だち登録できる。ただし、18歳以上のみが使える機能
- 「友だち」に自分の友だちを紹介する
- 同じ「グループ」に入っている人を友だちにする

などの方法があります。

　LINEでトークをするときには、自分を含めて3人以上でト

ークすることができるよう、「グループ」を作ることができます。グループを作るのはとても簡単で、誰かが友だちをグループに招待して、その招待された友だちが招待を承認するとグループに入ります。LINEグループには「管理者」という概念がなく、誰もがメンバーの追加や削除をできます。グループを作成した人が自らグループを抜けることもできるのです。

　このグループトークでの問題点の一つに、「会ったことのない友だちが増える」という点が挙げられます。自分の友だちAさんが、Aさんの友だちBさんをグループに招待したとします。自分はBさんとつながりがなくても同じグループ内でグループトークができるというわけです。同じグループに入っている人を友だちにすることはできるので、直接知らなかった人を友だ

3_ネットにひそむ危険－トラブルの例と対策－

ちに加えることができます。

　また、LINEグループはメンバーの誰でもメンバーを削除することができます。ただし、削除された側としては自分だけ外された、というのがわかるので、実際には、外したいメンバーにはわからないように1名メンバーを減らしたグループを新たに作ることが多いのです。クラス全員のグループがあって、また別に1人だけ外したグループができてしまうことが往々にしてあります。

　LINEに限ったことではないですが、対面ではないコミュニケーションの場合には微妙な言葉遣いが誤解の原因になったり、トラブルになったりします。対面でのコミュニケーションの場合には笑顔で言っているのか、怒って言っているのか、やさしい口調で言っているのか、怖い口調で言っているのかといった「言葉以外の情報」も同時に得ることができますが、オンラインでは純粋に「文字」の情報しか入ってこないからです。2章で紹介した、掲示板などは、誰でもそのサイトを閲覧することができたり、教育委員会や学校関係者等によるネットパトロールができるので何か問題が起きていることに気づけたりします。非公開のSNSであっても、青少年の利用に配慮したSNSでは、管理者が一定の基準をもって監視しており、誰かを中傷する投稿がなされれば規約違反として投稿削除などの対応がされてきました。

　ところが、LINEでのコミュニケーションは外からは一切見

えないので、ネットパトロールをすることもできず、問題を発見することができません。また、2018年12月現在、管理者による監視もされていない状態です。けれども、LINEのグループが子どもたちの居場所になっているのです。

　最近のいじめ問題では、殴る蹴るといった肉体的な暴力よりも、いやがらせや暴言などの精神的な暴力のほうが目立つようになっています。肉体的な暴力であれば、あざができたりと外見上の変化が現れることが多いので、保護者や先生が気づくことができました。けれどもSNSの中で起きているような精神的な暴力は周囲は気づきにくくなっています。また、いじめの舞台も学校に限定されることなく、インターネットの世界へと広がってきています。これが「ネットいじめ」の怖さです。

　誹謗中傷であったり、個人情報をインターネット上にばらまかれたりと、言葉や写真、動画などによるいじめが、インターネット上では四六時中生じます。また、インターネットは拡散力が強いので、短時間で被害が深刻になるケースが多いのです。

　これまでであれば学校から家に帰ったら、いじめから逃げることのできるつかの間の時間があったかもしれません。けれど、家に帰ってからもインターネットの中でいじめられ、結局その被害に遭うのを避けるために気を遣って常時接続をやめられず、仕方なくインターネット依存に陥ってしまう子どもたちもいるのです。そして、現実世界であれば、転校したら新たな場で一から人間関係をやり直せたものですが、今は転校しても過去の

SNSやインターネット上での書き込みなどがついてまわるため、やり直すことも難しくなっています。

　こういった、つながり依存から派生している問題を「**つながり過剰症候群**」と捉え、そこへ至る社会背景と心理メカニズムについて考察した書籍※もありますので参考にしてみてください。

　そして、LINEに悪口を書き込むいじめや、犯罪に巻き込まれる事件、そして睡眠不足のような生活習慣の乱れや、勉強に集中できないなどの、さまざまなスマートフォンをめぐるトラブルから子どもを守るために、日本全国で夜間使用禁止などの試みを始め、家庭でのルール作りや使用における指針を示すことが増えてきました。これについては4章で述べます。

LINEを使った犯罪

　LINEを使った犯罪も起きています。

　「ちょっと買い物頼んでもいい？」とLINEの「友だち」からメッセージが送られてきました。「どうしたの？」と返信すると、「近くのコンビニでWebMoney（電子マネー）のポイントカードを買ってきてくれる？」と返事がきます。

　実は、これは詐欺です。友だちを装ってプリペイドカードを購入させて、番号を連絡させて電子マネーを換金しようというものです。2014年には実際にこうした詐欺の被害が続発しました。インターネットが普及したことで、インターネットを使っ

※『つながりを煽られる子どもたち　ネット依存といじめ問題を考える』（土井隆義、岩波書店）

た詐欺事件は非常に多く発生しています。こういった詐欺などは友だちのアカウントが犯罪者によって乗っ取られることから始まります。

　LINEは基本的にはスマートフォンなどの携帯電話端末用のアプリですが、作成したアカウントはIDとパスワードを設定することで、パソコンからもそのアカウントIDとパスワードでログインしてLINEを使うことができます。そのアカウントIDとパスワードを誰かが盗んで使った、ということが考えられるわけです。

　こういった「**乗っ取り**」はなぜ起こるのでしょうか。例えば、同じアカウントID（ユーザ名）とパスワードを複数のサービスで使いまわしているとします。その中のどれかでアカウントIDとパスワードが漏れてしまうと、「そのIDとパスワードでLINEでもアカウントがあるんじゃないか」と推測されて乗っ取られてしまう、というわけです。アカウントが乗っ取られると、本人だけでなく、友人や家族も犯罪者に狙われてしまうので注意が必要です。

　もちろん、こうした犯罪に対して、サービスを運営する側であるLINE社としても対策を進めています。別の端末からアカウントの利用があったときに、もともと使われていたスマートフォンに通知がいくようにしたり、もともと使われているスマートフォンからしか確認できない、4桁の**PINコード**（暗証番号）の入力を求めたりするなどの策を講じています。

いじめや悩み相談にもLINEが貢献

　LINEを使うことでの悩みやいじめも増えていますが、それを解決するための悩み相談にもLINEは利用されています。長野県教育委員会とLINEが協力して、中・高校生の悩み相談専用アカウント「ひとりで悩まないで＠長野」を2017年9月に2週間試験的に行ったところ、1,579件、時間外を含めると3,500件ものアクセスがあったとのことです。10人の相談員で547件の相談にのったそうで、前年度の電話相談259件（1年分）をわずか2週間で上回ったといいます。

　これは2010年から5年間の未成年の自殺死亡率が全国で最も高かったことを受けての取り組みです。今の若者は音声電話をほとんど使わずにSNSを利用しています。その一方で、こういった悩み相談窓口は電話対応が中心であったことから、そのギャップを埋めて自殺につながる悩みを早期発見する狙いで始められました[※1]。その後、様々な自治体においてSNSを利用した相談窓口が試験的に開設され続け、2019年4月からは厚生労働省によるSNS相談[※2]も始まりました。このように、いじめが起きやすいとされるSNSですが、若者が最も手軽に相談できるのもSNSなのです。

※1　総務省「平成28年情報通信メディアの利用時間と情報行動に関する調査報告書」によると、10代及び20代の若者における平日のコミュニケーション系ツールの平均利用時間は音声電話が5分以内なのに対し、SNSは60分程度である。
※2　厚生労働省https://www.mhlw.go.jp/stf/seisakunitsuite/bunya/0000199724.html

話題についていけない…。
子どもはつらいよ

　同じものを見ていないと子ども同士の話についていけないという話もあります。我が家では子どもにテレビを見せていないのですが、友だちとの会話に「妖怪ウォッチ」が出てきてもついていけなくて、友だちとトラブルを起こしたり、泣きだしたりしたことがありました。このように「子ども同士の話に入れない、ついていけない」ということが子どものストレスとなることもあります。結局そのときには、動画視聴サービスや雑誌付録のDVDといったメディアにお世話になって解決しました。

3.3 個人情報

「個人情報」というと、名前や生年月日、住所、電話番号などがすぐに思い浮かぶでしょうか。そのほかにも、インターネット上での個人情報といえば、IDやパスワードなども他人に知られてはいけないものです。これらの情報を安易にインターネット上に書き込むのは危険です。軽い気持ちで書き込んだとしても、インターネット上に書き込まれた情報は簡単に消すことができません。たとえ仲の良い友達だけに教えたつもりでも、インターネットに書き込んでしまった情報というのは世界中の人が見ることができるので、誰が見ているかわかりません。個人情報が悪い人に知られてしまうと、迷惑メールや架空請求の被害者になってしまったり、成りすましに使われたりしてしまいます。

ソーシャルメディアでは匿名や実名など使い分けて利用している人も多いですが、匿名で情報を発信しているつもりでいても、それは「匿名」ではないことに気を付けないといけません。仲間内での会話のつもりであっても、全世界に公開した情報の一部かもしれないというのを、たとえ子どもであっても注意する必要があります。また、ほんの少しの書き込みでも、いくつかの内容を照らし合わせることで誰のことかわかってしまう場合もあります。そして、これは自らが発信した情報に限った話

ではないことにも注意が必要です。

例えば、以下のようなケースを考えてみましょう。

Aさんが、「今から旅行に行くの〜！」と自宅の最寄り駅で撮った写真と一緒にTwitterでつぶやきました。その写真を見たBさんは、「その駅、昨日行ったよー。駅近のパン屋さんがおいしいよね」と返信。Aさんは「そのパン屋、うちからすぐだよ！」などとTwitter上で会話を始めました。Aさんは鍵アカ（非公開アカウント）だから大丈夫だと思っていました。

Aさんの過去の記事の中に、自宅のベランダから見える虹の写真がアップされていました。また、Aさんがフォローしているアカウント一覧の中に、○○市立△△中学校というのがあります。「この中学校の学区で、この駅の近くでこのような写真が撮れるのはあの高層マンションしかない…」とマンションの位置が特定し、旅行に行くというつぶやきから「今は留守である」ことがわかってしまいます。泥棒が入りやすくなる原因を自分で世の中に公開してしまっているのです。

このように、それぞれの情報はただの「点」だとしてもつなぎ合わせることで見えてくる情報があるのです。友人や在籍する学校からの公式情報、習い事や塾、そのほかどこかで受賞した華々しい経歴に至るまで、複数の側面からの断片的な情報が集まることで、個人を特定したり、プライバシーを立体的に浮かび上がらせたりすることができてしまうということを使っている側が意識する必要があります。

3_ネットにひそむ危険−トラブルの例と対策−

　どんなことに気を付けるかは自分たちで考えてみるしかありません。自宅から見える景色を例に挙げましたが、最近多い「ゲリラ豪雨」も、東京アメッシュというリアルタイムで降水量を地図上にビジュアル表示するアプリを使えば、5分刻みで表示ができ、外出しようと思ったタイミングを調整するときにはとっても便利です。ですが、こういったアプリのビジュアル表示とツイートの時間を照らし合わせると、どのあたりがその人の自宅なのかおよその範囲がわかってしまうのです。

　そのほかにも、最寄り駅に到着した時間、自宅に着いた時間など、一つ一つは些細なつぶやきかもしれません。プロフィール欄には何も具体的には書いていなくてもそれらをつなぎあわせることで人間関係や人物像が浮かび上がります。個人情報の流出は多くの場合は自分自身で漏らしているのです。

　また、SNS上の友人関係、交友関係をグラフとして可視化することで見えてくる人間関係もあります。Facebookで勝手に人からタグ付けされることで第三者に行動が筒抜けになるといったことも起こります。例えば、A子はB子ちゃんグループからのお誘いを断り、C美ちゃんグループと遊んだとき、これまでだったらそれぞれに共通する知人がいなければわからなかったかもしれません。しかし、C美ちゃんがみんなが写っている写真をタグ付けでアップすると、それがA子のタイムラインにも表示されます。それを見たB子ちゃんは落ち込んでしまったり、A子が気まずい思いをしたり。そういった些細なことをき

っかけに、B子ちゃんのグループから外される、といったことも起きてしまうかもしれません。すべての情報が集約されることで、ソーシャルメディアの中は居心地がいい空間ではなくなってしまうかもしれないのです。

　写真の位置情報にも注意を払わなければいけません。スマートフォンのカメラやデジタルカメラで撮った写真には、カメラの機種や撮影日時のほか、露出時間、絞り値といった撮影条件などのデータが記録されています。そして、設定によってはさらに位置情報が含まれている場合があります。こういったデータを「**Exif**（イグジフ）」と呼びます。位置情報の記録は北緯何度何分何秒…というGPSのデータが記録されます。位置情報を地図上に表示するアプリというものもあり、これを使うと簡単にどこで撮影したかがわかります。自宅で撮った写真、学校で撮った写真、バイト先で撮った写真、友達の家で撮った写真…。スマートフォンのアルバムの中で、「どこで撮った写真か」で探し出せる機能は便利ですが、これをそのままアップしてしまうと悪用されないとも限りません。SNSに投稿した写真に位置情報がついているような場合には、公開時に自動的に削除してくれるサービスもあり、TwitterやFacebook、アメーバブログなどはそういった処理を行ってくれています。

　そして、インターネット上に一度広がった情報は基本的には回収できないということにも注意が必要です。Twitterで元の発言（ツイート）を削除したとしても、リツイートされた情報

はその人が削除してくれないとインターネット上から消えません。自分がつぶやいたツイートをフォロワーが読み、そのうちの5人のフォロワーがリツイートしたとしましょう。そのまたフォロワーのうち、5人がリツイート…。繰り返していくとねずみ算的に情報が広がっていくことが容易に想像できます。

　Twitterでなくても同様です。SNSのコメントやまとめページなどを依頼して削除してもらったとしても、すでに世界中の多くの人の目にさらされています。一度インターネットやSNS上に公開した情報はさまざまな手段で広まっていく、ということを再認識する必要があります。そして、こういった情報は、いま現在はいいと思って公開したとしても、将来どうなるかわからないといった点も気にしなければいけません。昨今では自身の過去のSNSでの発言や行動が原因となって、就職が取り消された例や、縁談が破談になった例なども出てきています。

　そのほか、「**プロフ**」という、いくつかの質問に答えるだけで簡単に自己紹介ページが作れるサービスも若い世代に人気ですが注意が必要です。プロフにパスワードをかけていない人は知らない人に見られてしまう可能性があることを忘れてはいけません。普段携帯ばかり使っていると気づかないですが、パソコンで検索をしてみると無防備なプロフサイトがたくさんでてくることに気づくでしょう。名前や連絡先、住所、学校名、趣味、写真など登録されている情報が見えており、コピーして保存、転載など簡単に悪用できてしまいます。デジタルデータは

コピーしても劣化しないといった性質がありますが、これは便利でもある反面、一歩間違えば怖い面でもあるのです。

そして、自分の個人情報をさらすということは、それだけ実際の自分に誰もがたどりつきやすくなるということです。例えばメールアドレスを載せると、自動的にロボットにメールアドレスを収集されて、大量のスパムメールが送られてくることもあります。必要以上に詳細な情報を載せすぎたり、誰かの目にとまるとまずいことを書いたりすることのないように、常に掲載する情報に敏感であることが大事です。

3-4 スパムメール

スパムメールは、知らない相手から一方的に送り付けられるメールのことで**迷惑メール**とも呼びます。宣伝メールや詐欺などの犯罪を目的としたメールもあり注意が必要です。メールを開いただけでウイルスに感染してしまうこともあります。

スパムメールの中には個人情報を盗む目的で送られてくるものがあり、**フィッシングメール**とよばれています。フィッシングメールの内容には**フィッシングサイト**（情報を盗む目的で作られたサイト）へのリンクが記載されてあり、フィッシングメールのリンクをクリックしてフィッシングサイトへアクセスしてきたユーザに個人情報を入力させて個人情報を盗み取るというわけです。

3_ネットにひそむ危険−トラブルの例と対策−

　例えば、「当選したので住所やメールアドレスを入力してください」と個人情報を取得しようとしたり、「無料」「タダ」「出会える」「今だけ」「あなたが選ばれました」などの誘いの文句を使って、フィッシングサイトへ誘導するパターンもあるので注意が必要です。こういった、住所や名前を入力させるようなタイプのものは「これは怪しい」と気づける人が比較的多いと思います。一方で、スパムメールの中には「退会するならこちらをクリック」「退会するには空メールを返信してください」というものもよくあり、こちらはクリックはせずに放置しておかなければいけません。こういったスパムメールはロボットが勝手にアドレスを収集して、ランダムに大量のスパムメールを配信しています。そして、うっかりそのメールに返信をしたり、メールに書いてあるURLをクリックしてしまうユーザを狙っているのです。スパムメールに返信してしまうと、相手にそのメールアドレスが実在することを伝えてしまうことになり、今後もメールが届くことになります。

　ウイルスメールにも注意が必要です。コンピュータウイルスは２章７節でも述べたように、コンピュータに入り込んで被害をもたらすプログラムのことです。パソコンの調子がおかしくなったり、友だち全員のメールアドレスに勝手にウイルスを転送したり、パソコンの中にあるデータを削除したり、ある時間になると特定のサイトを攻撃したり、個人情報を盗み取ったりします。例えば、ファイルの中身を自動で消すソフトは、パソ

コンを処分する人にとっては便利なものです。けれども、そうでない人が勝手に送り付けられて自動で消されたら大変です。

　先に挙げたスパムメールは一方的に送られてくるので気を付けていればよいですが、ウイルスメールは一方的に送られてくるだけとは限りません。例えば、Aさんのパソコンがウイルスに感染していたとします。このウイルスが感染を拡大させるために、メール送信時に勝手にウイルスを添付するような種類のウイルスだった場合、Aさんが友人のBさんにメールをすると、ウイルスメールが送られてしまうのです。受け取ったBさんにしてみれば友達からウイルスに感染したメールが送られてきてしまうので注意が必要です。

　コンピュータウイルスはメールやウェブサイト経由であることがほとんどで、ダウンロードしたファイルから感染することが多いのが実情です。なので対策としては、2章7節に挙げたようにウイルス対策ソフトを導入しておくことをお勧めします。また、ウイルス対策だけでなく、何か異常が起きたときのためにも、こまめにデータをバックアップしておくことも大事です。大切なファイルをDVDや外付けのハードディスクに保存しておけば、いざパソコンや携帯の調子が悪くなったときでもすぐに復旧することができます。最近ではクラウドに保存しておくことも多いです。

　最後に**チェーンメール**を紹介しておきます。チェーンメールとは、メールを受け取った人に同じ内容のメールを複数の人へ

送るように呼びかけるものです。保護者世代だと「不幸の手紙」というものがありましたが、そのメール版と思ってもらえれば良いかもしれません。「友達5人にこのメールを送らないと不幸になります」というように、受け取った人を不安に感じさせるもののほか、「子猫100匹が処分されそうです」「支援物資を受け付けています。まだまだ不足しているそうです」というように人の善意を利用したり関心を引くようなものなどがあります。迷惑メール相談センター[※1]では総務省より委託を受けて、特定電子メール法に違反する迷惑メールに関する相談を受け付けたり、情報提供を呼び掛けています。例えば、東日本大震災にまつわるチェーンメールのサンプル一覧[※2]もあります。チェーンメールは書いてある内容が正しいとは限らないので、複数の人に送らないように注意が必要です。またこれはメールに限ったことではなくSNS（TwitterやFacebookなど）でも拡散しないようにしましょう。

3_5 携帯・パソコンでのゲーム

ここで公益社団法人日本PTA全国協議会で実施した「平成30年度　子どもとメディアに関する意識調査」の結果を見てみましょう。子どもにとって魅力的なゲーム機器。小学生・中学生ともに9割以上の子どもたちがゲーム機器を持っていると回答しています。その内訳を見ると、家庭用ゲーム機やポータブ

※1　https://www.dekyo.or.jp/soudan/index.html
※2　https://www.dekyo.or.jp/soudan/contents/eq/sample_chain.html

[問] あなたは、ゲームができる機器を持っていますか。

ゲーム機器の利用状況

[問]「持っている」に○をつけた人に聞きます。
あなたが持っているゲーム機器に○をつけてください。(○はいくつでも)

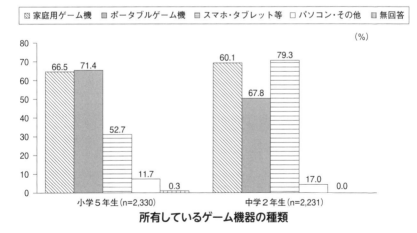

所有しているゲーム機器の種類

出典:日本PTA全国協議会「平成30年度　子どもとメディアに関する意識調査」

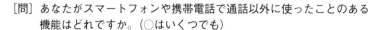

3_ネットにひそむ危険-トラブルの例と対策-

[問] あなたがスマートフォンや携帯電話で通話以外に使ったことのある機能はどれですか。(○はいくつでも)

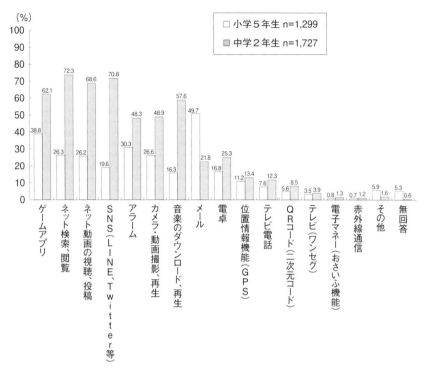

スマートフォンや携帯電話で通話以外に使ったことがある機能
出典:日本PTA全国協議会「平成30年度　子どもとメディアに関する意識調査」

ルゲーム機とともに、携帯電話・スマートフォンでのゲームも割合が多いことがわかります。

　実際に、スマートフォンや携帯電話の端末に限定した調査でも、「通話以外に使ったことのある機能」として、「ゲーム」は

[問] あなたは主にどこでゲームをしていますか。(○は1つ)

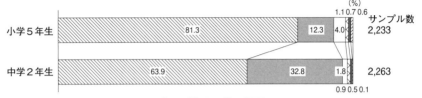

ゲーム機器の利用場所
出典:日本PTA全国協議会「平成30年度 子どもとメディアに関する意識調査」

小学生も中学生も上位に位置しています。かつては家庭用でのゲームというとファミコンやスーパーファミコンのような単体で使われネットワークにつながっていないものがほとんどでしたが、今はインターネットにつながったゲームが主流になっています。子どもたちもほんの少し前までは誰かの家に集まってゲームをしていたのが、今は「○時にゲームしよう」と同じ時間に自宅からゲームをすることで一緒に対戦をしたりチームとして戦ったりするのです。

実際、主にどこでゲームをしているかという調査項目にも9割を超える小中学生が自宅でゲームをしていることがわかります。

このように「自宅から同じ時間にログインして一緒にゲームする」というのは大人でも増えてきていて、それぞれ遠隔にいる友人たちが自宅からSkypeをつないで、缶ビール片手におし

3 ネットにひそむ危険－トラブルの例と対策－

ゃべりをしたりゲームをしたりしています。インターネット回線が当たり前になり、どの家でもインターネットにつながる環境ができ、そしてそれが高速になったことからいろいろな楽しみ方が生まれてきています。

「ゲームがやりたいから」というのも子どもたちがスマートフォンを持ちたい理由の上位にきており、ゲームをするためのスマートフォンである「**ゲーミングスマホ**」も発売されています。スマートフォン発売当初は、スマホゲームといえば「ポチポチゲー」と揶揄されるようなソーシャルゲームがほとんどでしたが、今は3Dアクションや3Dシューティングゲームも増えており、子どもたちはかなり複雑な操作をしながらプレイしていきます。

ゲーミングスマホは画面サイズが大きく、**CPU**（中央処理装置：コンピュータの制御や演算をつかさどる中枢部分のこと）が高性能であったり、**メモリ**が十分にあるのはもちろんのこと、**リフレッシュレート**（単位時間あたりにどれだけ画面を描きなおすかという値）が高いものでは、高速に変化する動画もスムーズに描画でき、スピードの速い対戦ゲームもスムーズに動きます。また、長時間プレイに対応するように長時間バッテリー搭載であったり、本体に熱がこもってしまう熱暴走を防ぐための液体冷却を採用している機種があったりします。

オンラインゲームの中には**ソーシャルゲーム**と呼ばれる、ソーシャルネットワーキング上で提供されるオンラインゲームも

あります。子どもたちが携帯電話やスマートフォンでよく遊んでいるゲームでは、「グリー（GREE）」や「モバゲー(Mobage)」などがよく知られています。

　例えば、「モバゲー」は、2006年2月のサービス開始以降、ユーザがどんどんと増え、現在では日本最大級のゲーム・SNSサイトになりました。PC向けには「Yahoo!モバゲー」があります。また、スマホアプリがPCでも遊べる「AndApp（アンドアップ）」も登場しています。大多数のユーザはモバゲーを健全に利用していますが、一部で不適切な書き込みをする人もいます。不適切な行為をするユーザには注意喚起をする一方で、モバゲーではサイト運営者として子どもたちにとって健全で安全な、安心してゲームが楽しめる場になるよう、トラブルの未然防止や問題の早期発見・早期対応のためにシステム対応による違反投稿の自動抽出チェック機能に加え、総勢400名もの人員を割いて24時間365日体制での人的なサイトパトロール監視を行っているのも特徴的です。

　また、こういったソーシャルゲームでは最初に登録をするとプロフィールページを作成するようになっています。ゲームを進めるにあたって「友だち」が多いとプレイしやすくなったり有利に働くようになる仕組みから、子どもたちにとっては「友だち」を増やすことに抵抗がないのも特徴的です。ゲーム内の「友だち」とは、年齢差が3歳以内など一定の範囲でないとメッセージを交換できなかったり、定型文でしかやりとりができ

ないなど、不特定多数の人とつながっても安全が保てるような工夫がされています。また、ソーシャルゲーム内でつながっている「友だち」と現実の友だちとは異なった扱いであることも示唆されています。例えば、mixi（ミクシィ）やFacebookなど他のSNSでは地震などの災害時に友だちの安否確認をしていたユーザが多かったのに対して、モバゲーやグリーなどのソーシャルゲームの友だち同士での安否確認はほとんど見られなかったという報告もあります。

　さて、「ゲーム」はお金がかかるといった印象をお持ちの保護者も多いでしょう。ゲーム内では仮想的な通貨を使ってプレイしていくことが多いです。仮想通貨を使って、自分の代わりとなるキャラクターの装備を購入したり、アイテムを購入したり、「**ガチャ**」（スーパーなどにあるいわゆるガチャガチャのゲーム版）を回したりします。このガチャはランダムにアイテムが出てくるので、コンプリートする（すべてのキャラクタを揃える）まで、やり続けてしまうことも問題視されています。

　この仮想通貨を得るためにはいくつかの方法があります。現実のお金を使って携帯電話会社を通じて課金する「**キャリア課金**」という方法があり、これは携帯電話会社との契約の中で、ひと月あたりの限度額を設定してあれば購入額が上限になったらその後は買うことができないようになっています。

　そのほか、新たなユーザを招待をして、招待を受けた人がゲームに新しく参加すると仮想通貨をもらうこともできます。ま

た、ゲームサイトに掲載されているリンクから別のサイトへとび、その通販サイトで買い物をしたり、ユーザ登録をしたりするなど、ゲームサイト運営側の要求に応えると、仮想通貨がもらえるというものもあります。

　無料ゲームサイトであっても、携帯電話のパケット通信料金が発生したり、ゲームのアイテムを購入するために課金をしてしまったりと、10万円以上の高額利用通知が届いて親が初めて知るケースも発生しています。ゲーム自体は無料であってもゲームをするための通信にかかるパケット通信料金は発生するので、ゲームをするのであれば**パケット定額制サービス**や、上限つきのサービスに加入するなど対策が必要です。また、ゲームを進めるのは基本的には無料ですが、ゲーム内アイテムを課金して得ることでゲームサイトの**コンテンツ利用料金**（ゲームサイト運営者への支払い）が発生します。

　また、こういったオンラインゲームでは、ゲームを有利に進めるために、データやプログラムを不正に改変する「**チート行為**」に手を染める若者が後を絶たないと指摘されています。チート（cheat）は英語で「だます」「ずる」の意味で、オンラインゲーム界ではゲームのデータやプログラムを無断で改ざんし、ゲーム内通貨やアイテムを増やしたりキャラクターのレベルを急激に上げたりすることを指して使われています。

　「勉強などで時間がなく、効率よくゲームを有利に進めたかった」「高得点を出して優越感を得たい」「快進撃の動画をアッ

プして注目されたい」など安易な動機でチート行為をしてしまう若者は後を絶ちません。また、「**チートアプリ**」を購入してゲームを進めたことで、私電磁的記録不正作出・同供用容疑で高校生が書類送検された例もあります。この例では、チートアプリを入手できる海外サイトにつながるURLをネットオークションで500〜1,000円ほどで購入し、課金が必要なアイテムなどを入手していたといいます。

　SNS上にはこういったチート行為の代行を請け負う書き込みも多く存在します。また、希少価値が高いアイテムを不正に作

オンラインゲームの不正行為禁止を呼びかける警視庁のサイト

り、そのアイテムをほかの利用者に販売してゲーム内で使える通貨を受け取るなどのチート行為もあります。

　警察の摘発やゲーム会社の対策にもかかわらず、作成技術の向上で「いたちごっこ」が続いているのです。チート行為はゲーム運営会社から損害賠償を請求されたり、違法行為として処罰されたりする可能性があります。スマートフォンで気軽に遊ぶ子どもたちが「知らなかった」がために犯罪者になってしまうのを防ぐために、警察などは「違法行為と認識してほしい」と啓発に力を入れており、ホームページに「チート行為はやめましょう」との警告も掲載しています。このように、インターネットを利用する際には被害者になるだけでなく、加害者にも簡単になってしまう可能性があることも理解しておく必要があります。

3-6　ネットを使った小遣い稼ぎ

　子どもであってもインターネットを活用すれば小遣い稼ぎができる時代になっています。ちょっと検索するだけで中学生でも稼ぐことのできる方法が簡単に見つかるため、親の目が届かないところですでに稼いでいるかもしれません。

ポイントサイト・アンケート
　小・中学生が小遣い稼ぎをする方法としては、**ポイントサイ**

トを利用するというものが1番に挙がるかもしれません。ポイントサイトは12歳以上であれば利用することができるものから、年齢制限のないものまで様々です。貯まったポイントを換金するときも電子マネーにすれば銀行口座も使わずに済むので口座を持っていない小・中学生でも換金することができます。

　コンビニなどで、Amazon、楽天、iTunes、LINEなどさまざまな**ギフトカード**が売られています。これらのカードには「**ギフトコード**」という番号が記載されており、その番号を使って換金します。ポイントサイトで得たポイントを換金する際に、3,000ポイントたまったから3,000円分のギフトカードが自宅に送られてくるのではありません。例えば、Amazonギフト券に交換した場合には、3,000円分のコードが通知されてきて、そのコードをAmazonの自分のアカウントでログインしたときのコード入力フォームに入力することで、3,000円分チャージができるという仕組みです。つまり親はまったく知ることがないまま、子どもがポイントを貯め、換金し、物品を購入することができるのです。

　インターネットでアンケートに回答することで1アンケートあたり1円から100円程度もらえます。1か月で1,000円分くらいは貯まるようです。また、スマホアプリをダウンロードして遊ぶことで100〜500円ほどのポイントをもらえるものもあります。たくさんのアプリをダウンロードして遊ぶことで、月額1万円くらいは稼ぐことも可能なようです。CM動画を見るだけ

でポイントが貯まるものもあります。

懸賞サイト

　懸賞サイトは、さまざまな懸賞に参加できるサイトのことですが、これに参加するためには会員登録が必要で、住所やメールアドレスなどを入力しなければなりません。プレゼントにつられて個人情報を登録すると危険な場合もあるので注意が必要です。初めから悪意をもって、個人情報を集めるために会員登録をさせるサイトもあります。また、悪意はなくても個人情報の取り扱いがずさんなために情報が漏れてしまうこともあるのです。

　個人情報を伝えなくてはいけないときでも最低限にするよう、登録の際には保護者と一緒に確認しながら行うと良いでしょう。また、実際には懸賞を行っていないサイトだったり、会社名や連絡先がうそだったりすることもあります。利用する前にそのサイトが安全かどうか、検索してみましょう。

　子どもが知らないうちに懸賞サイトに登録していないかを見分けるには、買ってあげた覚えのないものを持っていないか、頻繁にメールをチェックするようになっていないか、企業からのメールマガジンが届くようになっていないか等に注意を払っておくのも１つの方法です。

クラウドソーシング

最近急速に増えている**クラウドソーシング**(crowdsourcing)。これはインターネット上で不特定多数の人が仕事を請け負うことのできるサービスで、群衆（crowd）と業務委託（sourcing）を組み合わせた造語です。クラウドソーシングは年齢制限がついているものもありますが、未成年者であっても保護者の同意があれば可能なものもいくつもあります。

プログラマーやデザイナーなど専門的なスキルや経験を持つ人が稼いでいるものもありますが、クラウドソーシングのタスクの中には、アニメを観た感想や、マンガを読んだ感想といったタスクもあり、中学生でも可能なものもいろいろとあります。

親としては、小・中学生がこのようなインターネットで稼ぐ

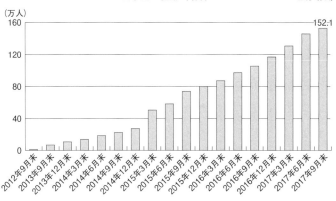

クラウドソーシング登録者の推移（(株)クラウドワークス会員数）

出典：クラウドワークス「2017年9月期通期決算説明資料」

ことにのめり込みすぎないように注意が必要です。あくまでも義務教育の期間であり、学校教育をしっかりと受けることが求められています。高校生であればコンビニやガソリンスタンドなどでバイトをしたり、休日のみ日雇いバイトをするということもできますが、中学生はアルバイトも基本的には禁止されています。なぜ、中学生のアルバイトは禁止されているのか、今その稼ぎは本当に必要なのかということを親子で話し合ってみるのも良いでしょう。

3-7　出会い系サイト

　出会い系サイトは知らない人同士に出会いの場を提供するサイトを指します。まだ中学生だし、うちの子は大丈夫、と思っていても、出会い系サイトで知り合った人に実際に会って、相手から暴力を受けたり、お金を脅し取られたりする事件が起きています。インターネット上では大人が子どものふりをしたり、男の人が女の人のふりをしたりすることがあるので注意が必要です。同級生の女の子だと思って、悩み相談にのったり、写真を送り合っていたら、実際は大人の男性でその後脅迫や被害に遭ったという事例もあります。

　また、出会い系サイトだけでなく、SNSや掲示板を通じて知り合った相手を信頼し、裸の写真を送ったらネット上で公開された、直接会ったら性的暴行を受けてしまったといった被害も

3_ネットにひそむ危険−トラブルの例と対策−

○ SNSに起因する事犯の被害児童数は、青少年のスマートフォン等の所有・利用状況の増加に伴い増加傾向。
○ 一方、出会い系サイトに起因する事犯の被害児童数は、平成20年の法改正以降減少傾向。

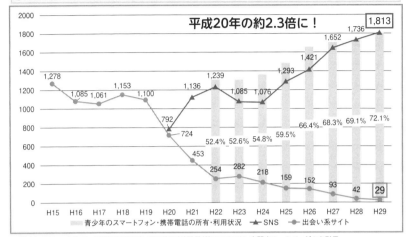

※青少年のスマートフォン・携帯電話の所有・利用状況(統計数値)については、内閣府ホームページから引用

SNS等に起因する被害児童数の推移

○ 被疑者と会った理由では、「金品目的」及び「性的関係目的」に関連する理由が4割強を占める。
○ 学校における指導状況では、「指導を受けたことはない」又は「わからない、覚えていない」と回答した児童が5割弱を占める。

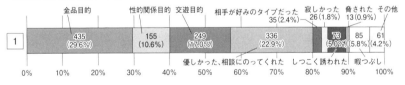

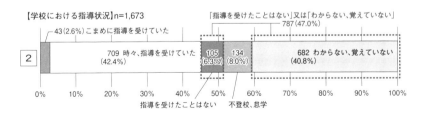

SNSにおける被害児童の現状

出典:平成30年度青少年の非行・被害防止対策公開シンポジウム − 内閣府 −

あります。SNS等に起因する被害児童数の推移を見ても近年は平成20年の約2.3倍にもなっていることがわかります。被害を受けた経緯において、相手に会った理由として「金品目的」が多いのですが、一方で、「優しかった、相談にのってくれた」ことも多いことがわかっています。

「**出会い系サイト規正法**」は出会い系サイトを利用した児童買春等の犯罪被害から児童を守ることを目的としています。この法律により、児童（18歳未満の少年少女）の出会い系サイトの利用、出会い系サイトの掲示板に書き込みをしてのお金を目的の交際を求めることなど（不正誘引）が禁止されています。また、この法律は大人も児童も処罰の対象となります。

38 著作権や肖像権の侵害

インターネット上には様々な情報やコンテンツが飛び交っていますが、絵や写真、音楽、文章のように、人が作ったものは他の人が勝手に使うことができない「**著作権**」という権利があります。コピーや、真似をしたり、少しだけ手を加えて改変しまうことも禁止されています。インターネット上では簡単に絵や文章が手に入り、加工も簡単にできるため、著作権を守っていない人もたくさんいます。

例えば、イラストはどうでしょう。「ご自由にお使いください」「フリー（無料）です」と書かれている場合には、許可を

得ずに使うことができます。しかし、「無断配布はお断り」「イラストを使ったら連絡してください」など利用条件が書かれている場合も多いのをご存知でしょうか。自由に使える場合でも、作者の名前を明記し、自分の著作物と区別する等がマナーです。配布物のちょっとした挿絵に使うだけという場合でも、その配布物がどのような人の目に触れる配布物なのかにもよります。また、画像が自由に使えるものだとしても加工は禁止されていることもあるので注意をしなければいけません。

　例えば、「無料（フリー）」のキーワードでインターネット検索したイラストをダウンロードして自治体の広報誌などに使用したところ、後から著作権使用料を請求されるケースが全国で相次いでいます。無料をうたうサイトから自由にダウンロードできても、使用範囲に関しては、どういったものに掲載が可能なのか、無料の範囲はどこまでなのかといった点について、必ず規約を確認する必要があります。著作権法では「私的使用のための複製」であれば著作物の使用を認めていますが、その利用範囲は個人や家庭内に限られることに注意が必要です。

　最近では、携帯電話やスマートフォン、デジカメなどで簡単に写真を撮ることができますが、書店でまだ購入していない本の記事を写真に撮ったり、勝手に他の人の写真を撮ることは重大なマナー違反や法律違反になるので注意が必要です。

　SNSが普及している今、著作権と同様に気にすべきものに「**肖像権**」があります。知らないうちに写真を撮られたり、撮

られた写真を勝手に利用されない権利です。写真に友だちや知らない人が写っていた場合、その人たちにも肖像権があるので、その写真をホームページやブログで使いたいときには、写っている人がわからないように加工をするか、全ての人に載せてもいいか確認しなければなりません。

とはいえ、公共の場所やイベント会場、観光スポットなど、「誰かに撮影されることが予想できるような場所」での顔の映り込みで、肖像権が認められるケースはほぼないといっていいでしょう。「朝の出勤風景」もテレビで流れていますが、これも「雑観」と呼ばれる風景の一部という扱いであり、法的な権利の対象外になっています。私たちが観光地で撮影した写真に偶然誰かが写り込んでしまった程度であれば、ネットに投稿する際にわざわざモザイクなどを入れて消さなくても大丈夫というわけです。（あくまでも「公共の場」で「たまたま」写り込んだ場合に限ります。）

SNSに載せるときには「載せてもいいかな？」「いいよ〜」といった会話をすることが多いのですが、「本人の許可をとっている」といっても、子ども同士の場合は、経験もまだ浅く、リスクを判断する能力があるとは言い難いです。特に、将来にわたってのリスクまで考えられているかというと、そうでもないでしょう。小学生の場合は特に、子ども同士の許可ではなく、相手の保護者に確認をして許可をもらうほうが良いと思います。

このように、人間のアイデアやブランドなど、「かたち」と

3 ネットにひそむ危険−トラブルの例と対策−

知的財産侵害の例

複製権・公衆送信権の侵害
・他人のWEBページの文章を無断で自分のSNSに載せて公開
・CDやDVDの違法コピーを匿名でファイル交換

商標権・キャラクター権の侵害
・自分のSNSに会社の商標やマンガのキャラクターを無断でコピーして公開

肖像権の侵害
・見知らぬ人が大きく写っている風景写真をSNSで公表

著作権の侵害に荷担する行為
・インターネットの違法音楽サイトから音楽データをダウンロード

いうものがないけれども非常に価値(財産)のあるものを「**知的財産**」と言います。例えば、本に書かれた内容やゲームソフトは「**著作物**」。商品名やロゴは「**商標**」、デザインは「**意匠**」、新しい技術的なアイデアは「**特許**」。これらはすべて知的財産です。著作権だけでなく、知的財産は本当は身近で知っておかなければいけない重要な知識であるにも関わらず、意外に知らないことも多いのです。

例えば、テスト前に自分の使っている参考書の一部(歴史の

年表、公式のわかりやすい解き方や、解説ページ）をクラスの友達全員でコピーし合うのも法律違反です。著作権法では書籍などの著作物のコピーは「個人の私的な利用に限る」としています。コピーして人にあげたり、コピー代と引き換えに配布したりするのは違反になります。様々な参考書から抜粋した「想定問題集」を作ってクラスで売るのも確実に著作権違反（無料で友だちに配っても法律違反）になります。けれど、手軽にカシャっと写真を撮ってLINEでクラス全員に回すということは簡単にできてしまうのです。デジタルが身近になったことで、こういうことにもより一層注意をしなければいけないのです。

　また、有料のゲームをコピーして友達にあげることもいけないですし、DVDをダビングしてあげるのも違反です。中学生になるとインターネットを利用して調査した結果をレポートにまとめるといったこともありますが、インターネットからの引用と転載についても明記することが必要です。子どもと一緒に身近なところから何が許されていて、何がいけないかについて考えていけるといいですね。

3-9　架空請求・ワンクリック詐欺

　使った覚えのない有料サイトや買った覚えのない商品の請求などが来ることを**架空請求**と言います。「〇日までに支払わないと延滞料金を取ります」のように恐怖心を与えるようなもの

や、存在しそうな公共機関名であったり、難しい法律用語を使って惑わせたりするようなものなどがあります。使った覚えのない請求はもちろん無視することです。たとえ連絡先が書いてあったとしても、確認のための問い合わせや抗議の電話をしてはいけません。そのアドレスが存在することを教えてしまうことにつながります。架空請求かどうか、どうしても心配になったときには**消費生活センター**※や警察などに相談してみましょう。消費生活センターでは、商品やサービスなど消費生活全般に関する苦情や問い合わせなど、消費者からの相談を専門の相談員が受け付け、公正な立場で処理にあたっています。困ったことなどがあれば、**消費者ホットライン**「188（局番なし　いやや）」へ電話をすると最寄りの相談所を紹介してくれます。

　また、送られてきたメールアドレスや電話番号が正しいかどうかを検索してみるのも手です。有名企業や銀行などと似たようなアドレスを使ったものも多いですが、検索してみると同じように架空請求が送られてきた人の情報にたどり着くこともあります。特に電話番号は実際に使われているものであれば、**「完全一致検索」**で検索すると比較的見つけやすい情報です。完全一致検索は調べたいキーワードをダブルクォーテーション「""」で囲んで検索します。例えば、「"03-xxxx-xxxx"」と入力すれば、そのキーワードと完全に一致するサイトのみ検索されます。

　また、子どもの中には興味半分で成人向けサイトにアクセス

※　独立行政法人国民生活センターのホームページ（http://www.kokusen.go.jp/map/）に全国の消費生活センターの一覧があります。

して、「18歳以上」をクリックして高額な金額を請求されたものの、誰にも言えずに悩んでしまう子もいます。これは「**ワンクリック詐欺**」と呼ばれています。悪徳業者はロボットを使ってアルファベットと数字をランダムに組み合わせたメールアドレスを生成してメールを送信しています。たまたま自分のメールアドレスと一致して届いているだけなのです。これに返信をしてしまうと、そのメールアドレスが実在するアドレスであることを伝えてしまうことになる、というわけです。

　ワンクリック詐欺は、契約したことにされて、一方的に高額な請求が来るケースがほとんどです。また、最近では数ステップほどクリックさせる「複数クリック詐欺」の被害も報告されています。あたかもこの数ステップの中で個人情報を取得したかのように見せて、「期日内に支払いをしないと遅延損害金が発生します」などと恐怖心を抱かせるような連絡が来ますが、決して返信をしたり支払いをしたりしてはいけません。

　もし万が一支払ってしまった場合には、警察に被害届を出しましょう。

3-10　ネットショッピング

　ネットショッピングは保護者の中にも利用している人が多いのではないでしょうか。**ネットオークション**や**メルカリ**なども急速に普及してきています。インターネットで商品を買うだけ

でなく、売ることも身近になってきました。

インターネットでの買い物では、サイトに詳しい製品情報が載っているだけでなく、複数の商品や店舗、価格を比較することができるサイトもあります。たくさんのお店の商品を同時に比べられるのはネットならではの買い方です。じっくり見比べて、スペックや価格に納得ができたものを買いたい人もいるでしょう。実際に購入して使用している人からの評判を調べるということもできるのも魅力です。インターネットは消費者の口コミを目に見える形にもしてくれるわけです。

また一方で、直接商品を見ることができないデメリットもあることを忘れてはいけません。届いた商品が壊れていたり、返品や交換をしてもらえないというトラブルもあります。

またネットオークションやメルカリを利用して個人として物を売る人もいます。自分はいらないけれど、まだ使えるモノを売ることでお金にもなり、家も片付き、誰かに使ってもらえ、誰かの役に立てるという魅力があります。ただし、説明が不十分だと商品を売った後に傷がついていると文句を言われたり、返品を求められたりします。また、お金と商品が同時に交換できないため、お金を支払ったのに商品が届かないといった詐欺やトラブルが起こることもあります。取引の内容や規約をきちんと読むことや、取引をする前には相手の名前や連絡先を確かめることが大事です。

大手オークションサイトなどでは、運営者が売り手と買い手

の間に入り、買い手が代金を振り込んだら、売り手に商品を発送してもらい、きちんと商品が届いたことが確認できたら買い手にその代金を支払うという仕組みを導入しているところもあります。しかし、サイトによっては前払いのこともあります。振り込んで届かなかったということを避けるために、前払いはできるだけ避けるようにするなど注意をしましょう。未成年者はバザーなど対面での取り引きのほうが安心かもしれません。

　インターネットでの売買では規約にもしっかり目を通しておきましょう。親からIDとパスワードを教えてもらい、中学生がオークションを利用すると**不正アクセス禁止法違反**になります。日本最大のインターネットオークションである「ヤフオク！」では、入札は15歳以上、出品は18歳以上と利用規約で定められています。

─ 4 ─
保護者は
どう関わると
良いか

ここまでは、情報社会の現状として、今の携帯電話やスマートフォンでできることや、子どもたちの身の回りに普及しているサービスについて解説してきました。また、情報通信メディアを使用する際に気を付けていないとどのような困ったことが起こる可能性があるのかについて、子どもが巻き込まれそうな事例を中心に述べてきました。

　本章ではこれらを踏まえて、親は子どもたちとどのように関わっていくのが良いかについて、考えてみたいと思います。本当に困ったときには親に隠すのではなく、相談してくれるような、そんな関係を作るために、お子さんと一緒に考えてみてください。

4-1　スマホの依存性

　初代iPhoneの登場が2007年。スマートフォンのようにいつでもどこでもインターネットに接続できる端末を個人が利用することが一般的になってからまだほんの10年ほど。スマートフォンを幼少期から利用して大人になった人はまだいないのが現実です。ですので、こういった情報通信メディアが人間にどのような影響を及ぼすか、副作用があるのかについてはまだわかっていません。私たち親世代でしたら、子どもの頃、「マンガやテレビばかり見ているとバカになるよ」などと言われて育った人も多いのではないでしょうか。それと同様、新しいメディ

4 _ 保護者はどう関わると良いか

アが出てきたときにはどうしても反対意見が出てくるものだと思います。

最近の研究で情報通信メディアの利用には依存性があると指摘されているのも事実です。

「ITメディアの依存症は、脳内に快感物質のドーパミンやオピオイド系(脳内麻薬状物質)が出て、ギャンブル依存症やアルコール依存症、麻薬中毒と同じ部分が関与していることがわかっています」と久里浜医療センターの樋口進院長(精神科)は指摘しています[※]。

そして、樋口氏は同時にこの依存症が低年齢化する傾向も指摘しています。依存症レベルになると神経が鈍感になり、通常の刺激では満足せず、より強い刺激を与えないと自分の快感を保てなくなってしまうとのことです。現に、小学5、6年生がポータブルゲーム機の依存症で治療に来ていると報告しています。

また、マイクロソフトの創設者であるビル・ゲイツ氏も、娘にパソコンを与えるときに、利用時間を平日は40分以内、週末でも1時間以内に制限していたというのは有名な話です。

大事なのは、スマートフォンやタブレットが全面的に悪いから「使ってはいけない」のではなく、その「使い方」が問題なのです。

中でも、スマホ依存の影響が大きいことの1つに、無料通話アプリのLINEとの付き合い方があります。LINEがいじめの在

[※]『スマホ依存の親が子どもを壊す』(諸富祥彦、宝島社、2016) P.192

り方にも大きな影響を与えることは3章1、2節でも書きました。教育関係者は「LINEによってどれだけ子どもの不登校やいじめが増えたことか」と嘆いているというのです。中高校生の中には24時間365日、LINEの返信に追われている子も少なくありません。防水のスマートフォンや防水ケースなどを用いてお風呂にもスマートフォンを持って入る子どももいます。常にスマートフォンを見られる状態にしてあり、3分以内にLINEの返事しなかったら「スルーした」といじめの対象になったりするのです。寝ているときも枕元にスマートフォンを置いている子も多く、スマートフォンを操作しながらいつの間にか寝てしまう「寝落ち」といった状態になってる子どももいます。

　親である私たち大人にもグループラインはもちろん存在します。けれども、私たち親は「既読になったけど、すぐに返事が来ないわ。でも夕食の準備で忙しい時間だからあとで返事くれるかな」と相手の状況を想像することができます。私のママ友では「忙しい時間にごめんね。既読スルーでOKよ〜」と書いてくれるママさんもいます。つまり、LINEグループがいけないのではなく、それに対する使い方、意識の問題なのです。

　情報通信メディアによって24時間365日生活を支配されると生活の質が落ちていきます。また、次のページの図のように、携帯電話やスマートフォンを使う時間が短いほど、学校での成績（問題の正答率）が上がっているということを示す調査結果もあります。

4 _ 保護者はどう関わると良いか

児童生徒の学習・生活習慣と学校の平均正答率との関係

Q　普段（月～金）、1日当たりどれくらいの時間、携帯電話やスマートフォンで通話やメール、インターネットをしますか（携帯電話やスマートフォンでゲームをする時間は除く）

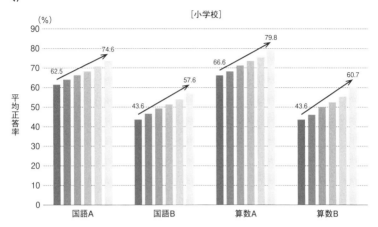

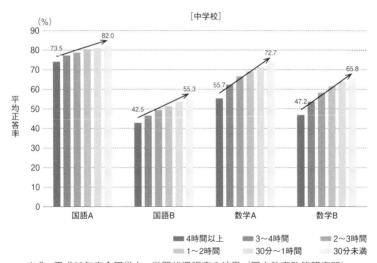

出典：平成26年度全国学力・学習状況調査の結果（国立教育政策研究所）

どのくらい情報通信メディアに依存してしまっているかわからないという人には1日の生活時間の記録を付けてみることをお勧めします。時間ごとのスケジュール帳に、寝ている時間、食事をしている時間、学校にいた時間、運動をした時間などの他に、ゲームをした時間、携帯電話・スマートフォン・インターネットをした時間などを記録していく方法です。ダイエットにも、食べたものを記録することで、まずは摂取しているカロリー量を把握するという方法がありますが、それと同じ考えです。
　小学生は親御さんが一緒に記録してあげても良いでしょう。このときに子どもに対して「こんなにゲームをしている時間が長いの?!」と怒ってはいけません。まずは現状把握することが目的で、正直に書いてもらわないと意味がないからです。

4 _ 保護者はどう関わると良いか

スマホやゲームの時間を可視化する効果

　時間や行動を書き出してみるというのは他にも使える方法です。こういった、「情報を目に見える形にすること」を「可視化する」と言います。例えば、学校から帰宅後の家庭学習の時間を把握するために記録をつけてみると、「得意科目はよく復習や予習をしているが、苦手科目の勉強時間は少ない」といったことがわかるかもしれません。小さな子どもを育てる共働き家庭では、家庭内における家事・育児に関わる分担を書き出して、どのくらい負担が父親・母親に偏っているかを可視化してみることもでき、具体的な解決策を相談しやすくなります。

　子どもに生活スケジュールを書かせて、ゲーム時間やスマートフォンの利用時間を把握させるときには、ぜひ親も一緒に同じようにスケジュールを書いてみてはどうでしょう？　我が家では子どもと親のスケジュールを作ってゲーム時間について話し合ったあと、「家族のために使っている時間」に色を塗ってみました。食料品の買い物、ご飯作り、洗濯物の片付け、お風呂掃除…。その結果、子どものほうから「これは僕ができるから担当するよ」と言ってくれ、家事が少し楽になりました。

4-2 小・中学校や自治体の取り組み

　LINEに悪口を書き込むいじめ、犯罪に巻き込まれる事件、生活習慣の乱れ、勉強に集中できないなどの、スマートフォンをめぐるトラブルから子どもを守るために小学校・中学校や自治体なども様々な取り組みを行っています。中には全市をあげて夜はスマートフォンを使用しないなどのスマートフォン規制を行う市町村も出てきています。

　例えば、2014年4月から愛知県刈谷市の小学校・中学校全21校が保護者と連携して、夜間使用の禁止などの試みを始め、家庭でのルール作りに学校側が踏み込んだ取り組みを開始しました。具体的には、

1．夜9時以降は保護者が預かる

2．必要のない携帯電話やスマホは持たせない

3．親子で使用に関する約束を決め、有害サイトの閲覧を制限する「フィルタリング」のサービスを受ける

の3点を守るよう、各家庭に文書で通知を出しました。

　4月から夜間使用制限が始まって、1か月たったときの子どもの反応は、「以前は、寝るまでLINEをしていたが、今は勉強をする時間が増えた」「時間に構わず使っていると相手に迷惑をかけるし、トラブルも起きやすい。いいルールだと思う」とおおむね歓迎するものであったそうです。ただ、中にはルール

を守らない生徒もいて、朝起きたら100件以上のメッセージが入っていることもあったという声もあります。また、夜９時から禁止なので、夜９時まではスマートフォンを手放せない子どももいたとのことでした。

保護者側はおおむね良好な反応で「地域共通のルールがあれば、子どもに指導する際の大義名分になる」「子どもに強く言えなかったが、注意しやすくなった」という声もあるようです。

神奈川県横浜市では、全市立学校の保護者向けに、

１．家族のいるところで使う
２．食事のときは使わない
３．夜９時以降のメールはやめること

を明記したリーフレットを配布しています。こういったリーフレットを配布している市町村は増えてきています。

東京都北区では、北区立小中学校の児童生徒の携帯電話、スマートフォン、テレビゲームの所持状況や利用時間などの実態を調査し、全国学力・学習状況調査の結果と比較した結果を示しています。2015年度の調査で携帯電話、スマートフォン、テレビゲームの所持率や通話やメール、インターネットを平日２時間以上利用している割合などのすべての項目が、全国平均より多くなっていることがわかったことから、これらの使い方について区から基準を示して各家庭へ注意を促すリーフレットを作成しています。2017年度には区内の子どもたちの携帯電話の所持率は、全国平均と比べて高いですが、通話やメール、イン

ターネットを平日2時間以上利用している割合は小学生が全国平均とほぼ同じになりました。

　以下が北区が作成した「児童が守る4つのルール」と「保護者が守る3つのルール」です。

児童が守る4つのルール

1．夜9時以降は、携帯電話やスマートフォンは使用しません。
2．名前やメールアドレス及び写真などは公開しません。
3．通信アプリやメール機能等を利用するときには、自分が言われて嫌なことやウソの情報は書き込みません。
4．困ったことがあったら、一人で悩まず、保護者や先生に相談します。

※夜9時以降であっても、児童が安全上の理由で家庭と連絡をとる場合は、使用可とします。

保護者が守る3つのルール

1．子どもが約束の時間になっても、使用している場合は、注意します。
2．アプリ等をダウンロードする際には、子どもまかせにせず、親が判断します。
3．子どもを有害サイトから守るため、フィルタリングをつけます。

4_保護者はどう関わると良いか

　このような取り組みは、全国に広がっています。文部科学省でも「子供のための情報モラル育成プロジェクト」の一環として情報モラルに関する教育委員会や学校の取り組みを「情報モラル実践事例集」※として取りまとめています。

　教育委員会主体型12件、地域主体型9件の事例が掲載されており、子どもの携帯電話やスマートフォン利用を安全で安心なものにするために、子どもの過度のスマートフォン使用を防ごうという意識が広がってきていることがわかります。

　また、「出前講座」を実施しているところも多くなっています。広島県広島市教育委員会では電子メディア協議会から派遣された電子メディア・インストラクターによる講習会を保護者や教職員、児童生徒を対象に行っています。子どもたちのネット遊びの現状やインターネットのメディア特性と危険性を子どもに講義をするだけではなく、保護者の果たす役割と期待も伝え、保護者を電子メディア・インストラクター認定者に巻き込んでいく仕組みづくりも行っています。

　出前講座を受けた参加者からは、「キッズ携帯のため安心して『持たせっ切り』になっていることに気づかされました」（保護者）、「携帯が欲しくてたまりませんでした。だけど、家にあるテレビやゲーム、電話で十分だと思いました」（小学生）などといった感想が寄せられています。

　スマートフォンや携帯電話でメール、インターネット、ゲームなどをする時間が長いほど成績は悪くなっているという調査

※　http://www.mext.go.jp/a_menu/shotou/zyouhou/detail/1408132.htm

結果（P.139参照）もあり、使用時間は1日1時間以内が望ましいとされています。一方で使用時間を制限する指導は難しいのではないかという見方もあるのです。いずれにしても学校や地域と家庭が連携しないとできないことは確かです。1つの家庭だけでやると、その子が孤立して仲間外れになるので、スマートフォンの制限は最低でも学校単位でやらないと効果が出ないというのです。1章5節で取り上げた鷗友学園女子高等学校でも高校3年生になると受験に向けてスマートフォンからガラケーに変える子が多いという話でした。友だちが変えていくと自分だけスマートフォンを持っていても意味がないという高校生たちの声もありました。

実はインターネットの世界で起きている子どもの問題は、ほぼ同じことが大人の世界でも起きています。一般社団法人東京都小学校PTA協議会の広報紙『PTA東京』（2018年10月31日発行）に掲載された「PTA実態調査2018」によると、役員間の連絡の9割がLINEを利用しているとのことです。実際、私も役員の連絡やママさんコーラスの練習日程の連絡など、LINEで連絡を取り合っています。学校での連絡網である「フェアキャスト」※もLINEと連携ができるようになりました。歯科検診の連絡や高校生の進学就職情報発信でLINEを使う学校もでてきています。

動画投稿などのトラブルも大人の世界であってもたくさん発生しています。自分の子どもの運動会の動画をアップしたとこ

※　NTTデータが提供する学校連絡網サービスhttps://www.faircast.jp/

4_保護者はどう関わると良いか

ろ、子どもの友達が写っていて…というトラブルは聞いたことがありませんか。また、LINEへの中傷書き込みも、ちょっとした「あの人やーね」といった話からだんだんエスカレートしたりと、大人同士のLINEグループでも発生しています。『〇〇さんを除いたグループ』をもう1つ作ってそちらでトークをしていたら、間違えて『〇〇さんが入ったほうのグループ』に投稿してしまって(「誤爆」といいます)、なんていう話もあります。子どもが食事中にスマートフォンをいじるのを注意する一方で、レストランでは大人がスマートフォンを触っているのは当たり前。写真を撮ってSNSに投稿といったシーンも日常茶飯事なのではないでしょうか。夜は枕元にスマートフォンを置いて寝ていることも多いように思います。

　そんな中、子どもにだけ使用のルールを守らせようとするのは難しいですよね。子どもの世界で起きていること、大人の世界で起きていること、同じ視点で見ることのできること、違う視点で見なければいけないことに分けて、是非子どもと一緒に自身の情報通信メディアへの向き合い方も振り返ってみてもらえればと思います。

スマホは目を悪くする!?

　液晶ディスプレイから発せられる「ブルーライト」の身体への悪影響を懸念する声も大きいです。液晶ディスプレイから発せられるブルーライトは太陽からのブルーライトに比べれば弱いものです。しかし、光の照度は距離の２乗に反比例します。光源からの距離が２倍になると４分の１の照度になりますが、距離が半分になると４倍の照度になるというわけです。パソコンもそうですが、さらにスマホは光源をより近い距離で見つめることになるので、ブルーライトの影響が大きくなってしまうことが危惧されています。ブルーライトカットの眼鏡を着用したり、寝る２時間前にはパソコンやスマートフォンから離れることが推奨されています。

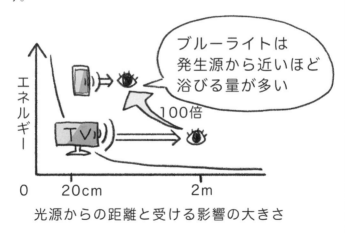

光源からの距離と受ける影響の大きさ

4_保護者はどう関わると良いか

4 3 家庭内ルール策定のための話し合い

　子どもがスマートフォンを使うときはスタート時の話し合いとルール設定が重要です。すでにスマートフォンやタブレットなどをお持ちのご家庭では家庭内でのルールを策定しているかもしれません。「我が家はルールまでは設けずに子どもに任せているわ」というご家庭でも是非お子さんと一緒に話し合う機会を持っていただければと思います。

　中には、携帯電話やスマートフォンを購入したときに話し合いをしたから大丈夫、という方もいらっしゃるかもしれません。しかし、使っていくうちに無理のある約束だということがわかったり、こっそり約束を破ってしまっていたり、約束しなかったけれども危ない使い方をしていたり、購入時にはなかったツールやアプリが登場していたり、子どもも成長して購入時よりも使いこなせるようになっていたり。そんな変化が起きているかもしれません。こういった約束や話し合いは継続的に行い、年齢や使い方によっては約束を更新していくことが必要だと思っています。

　ネットトラブルに巻き込まれる多くの子どもたち、そしてそれに共通するのが「知らなかった」ということ。友だちの写真を許可なくSNSにアップしたらいけないなんて知らなかった、友だちのIDとパスワードを使ってゲームしてはいけないなん

て知らなかった、などなど……。

　子どもはインターネットを使い始めるとあっという間に覚えてしまいます。けれども親が「インターネットで何をしているかわからない」とあきらめてはいけません。親が子どものインターネット利用に無関心でいると、子どもは「インターネットは規制のないまま自由に使えるもの」と思ってしまいます。自分の子どもがいじめやトラブルの被害者になるだけでなく、加害者になる危険性も十分にあるのです。高額の請求がきて初めて気づくケースもありますが、子どもが勝手にしたことであっても、親は知らなかったでは済まされないのです。親が子どものインターネット利用に関心をもち、さらにその姿勢を子どもに示すことが大事ではないでしょうか。

　私たちがまずできることは子どもがどのようなインターネットの使い方をしているか、どんなゲームで遊んでいるか、どんなYouTubeを見ているかなど、今の状況を知ることです。「子どもの状況を把握すること」と「干渉すること」は違います。「こんな使い方をしてはいけません」と頭ごなしに叱ったり、取り上げたり、干渉したりするのではなく、まずは状況を知りましょう。親が子のインターネットの利用状況を把握しないと、危険と隣り合わせであることを見つけることもできないですし、困ったことがあったりしてもどのように対処して良いかわからなくなってしまうからです。子どもの利用状況を知った上で子どもと話し合いを持つことが大事です。

4 _ 保護者はどう関わると良いか

スマートフォンを使用していて起こったこと（複数回答）

中学生

- 迷惑メールが送られてきた　34.7%
- サイトやアプリにひわいなバナー広告が出ていた　16.8%
- 直接知らない人とSNSやメールなどでつながっていた　11.3%
- SNSや掲示板上で誹謗中傷を受けたり、嘘の噂を立てられた　6.6%
- 暴力的・わいせつな画像や動画を見た　4.5%
- ワンクリック詐欺の画面が出てきて、お金を請求された　3.8%
- SNS上やネット上に無断で写真・個人情報をあげられてしまった　3.6%
- 自分の写真・個人情報を送るよう強制された　3.0%
- 意図しないサイトの有料会員に誤って登録され、請求があった　2.3%
- 課金や有料アプリなど自分（親）の許可していない請求があった　2.1%
- ウィルスに感染した　1.1%
- その他　0.2%
- 上記のようなことが起こったことがない　32.3%
- 上記のようなことが起こったかどうかわからない（知らない）　19.4%

高校生

- 迷惑メールが送られてきた　59.5%
- わいせつなバナー広告などが出てきた　53.3%
- 知らない人から友だち申請があった　30.8%
- 有料スタンプやポイントをもらうためアプリDLや会員登録をした　19.5%
- 他人とインターネットでつながった　15.9%
- ワンクリック詐欺の画面が出てきた　13.4%
- 暴力的・わいせつな画像や動画を見た　13.0%
- ネット上にアップしてほしくない写真や個人情報をあげられた　11.1%
- 課金や有料アプリの購入など親の許可を得ずにした　10.5%
- ネット上にいやなことを書かれたり、嘘の噂を立てられた　9.6%
- ネットで知り合った人と実際に会った　8.5%
- 有料サイトに勝手に登録され、請求された　5.5%
- 自分の写真・個人情報を送るように強制された　5.1%
- ネット上にいやなことを書いたり、嘘の噂を立てた　4.9%
- ウィルスに感染した　4.6%
- ネット上に友だちのアップしてほしくない写真や個人情報をあげた　4.2%
- その他　0.5%
- 特にない　15.3%
- 答えたくない　2.8%

出典：2016年　中学生のスマートフォン利用実態調査　インテル　セキュリティ×MMD研究所調べ

例えば、子どもと同じようにインターネットを使いこなすことができなくても、テレビのニュースや新聞、週刊誌などでそういった事件や関連する事柄に触れたときには、「最近こういうのが流行っているんだって？○○ちゃんの周りでも流行ってるの？」など話題に出してみることをお勧めします。直球で突然「Twitterのつぶやきを見せて」などと言っても年ごろの子どもは嫌がったり見せてくれなかったりするかもしれません。「この間美容院に行ったときに読んだ雑誌に載ってたんだけど、インスタって中学生でもみんなやってるの？」「知らない人からメールが来たりしない？」など、日頃から会話をするだけでも様々な情報を得ることができます。前のページのグラフは中学生のスマートフォン利用実態調査で、スマートフォンを使用していて実際に起こったことです。こういったことが自分の子どもにすでに起きていないか、聞いてみるとともに、もし起きたらどのようにするか、考えさせる機会にもつなげると良いのではないでしょうか。

　この書籍を執筆している今（2019年4月現在）まさに若者の間で人気が高まっているアプリに「Zenly（ゼンリー）」という位置情報共有アプリがあります。このアプリは起動すると自分の現在地と友だちの現在地が地図上に表示されるので、友だちが近くにいることがわかるので待ち合わせなどに便利と評判です。また、特に待ち合わせでなくても、近くにいるとわかったり、家にいるから暇だろうと遊びに誘うといった使い方もして

4_保護者はどう関わると良いか

いるようで、大学生たちも使っています。

このようなアプリが出てくると、私の感覚では「え？ 位置情報だだ漏れだけど、大丈夫なの？」とつい心配してしまうのですが、現在地をはっきり公開したくないときには「あいまい表示」にすることで、半径1km程度であいまいな場所が表示されるという機能や、「フリーズ表示」といってフリーズ表示直前の位置から動かない設定にしたりすることができるので、特に不便を感じるどころか便利なツールとして使いこなしているようです。

子どもにスマートフォンなどを持たせている人は、スマートフォンを買って終わりではなく、日頃のニュースなどにも関心を寄せることで、いまどのようなアプリが出ていて、どのような使い方をしている人が多いのか、自分の子どももそれを知っているのかなどの情報を入手したり、子どもとの会話の中で話題にしたりすると良さそうです。

ちなみにネットいじめのようなことが我が子に起きたとき、親が「全部見せなさい」とスマートフォンを逐一チェックする、あるいは勝手にチェックしてしまうということがしばしばありますが、これは避けたほうがいいことの1つです。「見せて」というのはOKですし、自発的に見せてくれるのを見るのもOKですが、子どものスマートフォンを無理やり見るとか、奪い取って見るとなると、親に対する大きな不信感につながるでしょう。心配なときには「もしよかったら、見せてくれな

い？」と頼んでみると案外すんなり見せてくれるかもしれません。また、いじめについては『我が子のいじめに親としてどうかかわるか』（阿形恒秀、ジアース教育新社、2018年）も参考になるでしょう。

　ゲーム機器もスマートフォンも情報通信メディアは一緒ですが、大事なのは本人が納得した上で使わせることです。親が使い方を強制しても、子どもは言うことを聞かず隠れて使うようになってしまうかもしれません。年齢的にも親に反抗する時期に重なります。頭ごなしに「このアプリはダメ」とか「１日30分だけ」などと親が決めるのではなく、子どもと親とで話し合いの場を設けて、本人が納得する使い方を決めることが大事です。

　例えば、子どもがNintendo Switchのマリオカートで遊びたいとします。「１日のプレイ時間は15分だけね」と言われても、カートを選んでカスタマイズしてレースを１回するとギリギリ15分。時には超えてしまったりします。15分ジャストで終わるなんてレースを走っている途中で切ることになり、「できない‼」となるのです。「１日15分を絶対に守る」はできなくても、「16〜17分なら終わることができる」「１日30分にしてほしい。その代わり２日に１回しかやらない」など、違うルールならルールを守りながら楽しく遊ぶことができるようになるかもしれません。ルールを作るときには親が一方的に「○分まで」とか、「これはやる、これはやってはいけない」と決めるのではなく、

4 _ 保護者はどう関わると良いか

このゲームはどんなゲームなのか、このアプリはどんなアプリなのか、どのくらい時間が必要なのか、どういったリスクがあるのか、など親子で会話をしながら、ルールを考えていくことをお勧めします。それが子ども自身への教育にもつながるはずです。

　最近のゲーム機器ではゲームをしている時間を可視化してくれるものもあります。自分では30分しかやっていないつもりでも実際は１時間やっているなど正確な時間がわかれば、子ども自分で「まずい！」と思ってくれることでしょう。可視化するアプリもありますが、我が家ではリビングで情報通信メディアを使わせて、キッチンタイマーなどで15分や30分のタイマーをかけています。使っている本人以外（親や兄弟など）からも残り時間が明確に見えるのが良いようで、すんなりやめています。特に小学生のうちは、このように親の管理の下でキッチンタイマーを使って時間制限をしても良いように思います。

　P.156の図は、内閣府が2016年度に行ったインターネット利用環境実態調査での、インターネット利用における保護者の取り組みをまとめたものです。すでにみなさんのご家庭でやっているものもあるかもしれませんが、他のご家庭ではどのようにしているかは気になるところです。是非参考にしてみてください。

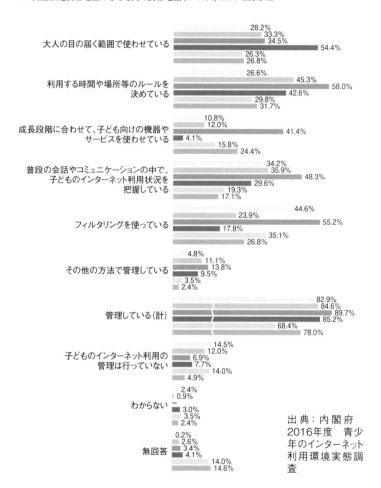

4_保護者はどう関わると良いか

親の目が届くような工夫

　置き場所を工夫することで防げることもたくさんあります。子ども専用のスマートフォンはリビングで充電させたり、ノートPCではなくデスクトップパソコンにしてリビングでのみ使わせるといった工夫も多いでしょう。ゲーム機器もリビングで充電、遊ぶのもリビングだけ、というご家庭も多いようです。我が家でもゲーム機器やパソコン使用はリビングのみに限定しています。実は同じようにマンガもリビングのみ。子どもの大好きな「ドラえもん」や「名探偵コナン」を親戚からおさがりでどっさりいただいたのですが、子ども部屋の本棚ではなく、リビングの本棚に収納しました。隠れてこそこそ読んだり、夜寝ないでマンガを読みふけるのではなく、読むときには親の前で堂々と読み、「宿題が先に終わっているか」などの時間の優先度も含めて、自分で考えられる人になってほしいと思っています。

4-4 家庭内ルールの例

　アメリカのある母親が13歳の息子に、クリスマスプレゼントとしてスマートフォンを渡したときに自作の使用契約書『スマホ18の約束』も一緒につけました。そして母が、この手紙を自分のブログに転載したところ、あっという間に全米のお母さん方の支持を集め、アメリカのABCテレビに親子で出演することになりました。

　日本でも東京新聞がこれを2013年1月8日の記事で取り上げて、翌日テレビでも取り上げられるほど、大評判になり、今でもスマホ使用のための家庭内の約束の例として使われています。

　この18の約束については、日本の法律や家庭環境などを考慮して、ネット教育アナリストの尾花紀子さんがアレンジ翻訳したものを公開していますので、P.160〜163に紹介します。

　内閣府「2017年度　青少年のインターネット利用環境実態調査」では、インターネットに接続可能な機器を持つ青少年（2,713人）に、家庭ではインターネットの使い方について何かルールがあるかを調査したところ、P.159ページに示すようなルールを家庭内で設けているようです。

4 保護者はどう関わると良いか

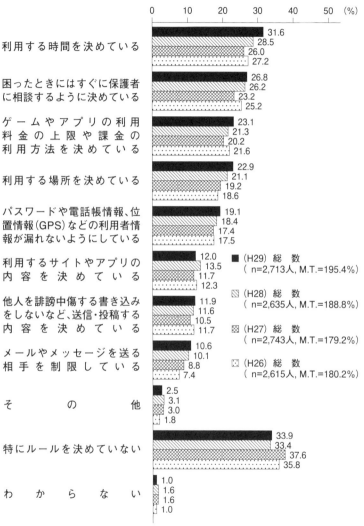

出典：内閣府 「2017年度 青少年のインターネット利用環境実態調査」（複数回答可能）

尾花紀子さんアレンジ翻訳版「スマホ18の約束」

1 このスマートフォンは、ママからのプレゼントです。でも、スマホを使えば利用料金がかかります。そこで優しいママは（笑）あなたの代わりに毎月支払ってあげることにしました。ただし、これから話す約束を守って使うことが条件よ！

2 このスマートフォンには設定の変更や何かを購入するときに使うパスワードが設定してあります。パスワードが必要になったときは必ず相談してね。もしもパスワードを知ったとしても、勝手に使ったり黙って変更したりはしないこと！

3 これはスマホだけれど、あなたとの連絡用の「携帯電話」としてプレゼントしました。だからママやパパからの電話は無視しないで必ず出ること！　もちろん「電話」なのだから、知っている人からかかってきたらきちんと応対しなきゃダメですよ。

4 翌日学校がある日は夜＿＿：＿＿（原文は7時半）に、週末は夜＿＿：＿＿（原文は9時）になったら、リビングの充電器に戻すこと。固定電話で「夜分遅くにすみません」と言わなければならないような時間帯に急用ではない電話やメールはやめましょう。相手の状況や時間を考えて使える感覚を養えば、将来必ず役に立つからね♪

5 「学校への持ち込み」や「校内での使用」については、決められたルールをしっかり守ること。そして、友達と一緒にいるときは、スマホよりも会話を優先すること。人といろんな会話をすることで身につく

ことがいっぱいあるのだから。

6 もし、トイレや床などに落として壊してしまったらそれはあなたの責任です。修理や取り換えの費用を払うのはあなたです。誕生日や入学・卒業のお祝い、お年玉、お小遣いやお手伝いのお駄賃などを貯めて払うことになるでしょう。だから、使うときは常に注意を怠らないこと。気をつけていても起きてしまうことがあるのだから。

7 人をだましたり、馬鹿にしたりするためにこのスマホを使わないこと。誰かを傷つけるような会話に加わるのもダメ。友達と仲良くすることは大切だけど、トラブルの渦に巻き込まれるような言動は絶対にしないように！

8 相手に面と向かって言えないようなことは、SNSでもつぶやきでもグループチャットでも言わないこと。

9 相手の親がいるときに言えないようなことは、SNSでもつぶやきでもグループチャットでも言わないこと。

10 18禁とか出会い系のサイトだけでなく、詐欺やウイルスなどの危険な仕掛けがあるサイトにうっかりアクセスしないように守ってくれるのがフィルタリング。だから「コッソリ見よう」とか「何とか外そう」なんて考えないこと。検索するなら堂々と見られる情報にしましょう。もしも必要なサイトが見られなくて困ることがあれば、いつでも相談してね。

11　公共の場では"電源オフ""マナーモード"等、指示に従うこと。乗り物の中だけではなくレストランや映画館も、それから、誰かと会話しているときにも気を使いましょう。スマホを持ったせいで「マナー違反や失礼なことを平気でする子」にはならないでね。

12　あなたの、あるいは友達の裸の写真（一部も含む）を撮ったり、それを送ったり受け取ったりしないこと。これは、違法行為です！　思春期には、性的なことにも興味が出てくるでしょう。でも、万が一それがネットに流れたら、これからのあなたの人生を台無しにしてしまう可能性もあるのです。ネットの世界はとんでもなく広大で、その力はあなたが想像するよりはるかにパワフル。一瞬でも流れてしまった写真や風評を完全に消し去るのは不可能だということを、くれぐれも忘れないで‼

13　「とにかく、記録しておこう！」と何でもかんでも写真や動画に撮ろうとしないこと。記録よりも記憶のほうが心に長く残ります。撮影よりも、自分自身が体験することのほうを大切にしようね。

14　スマホは生きているパートナーでもないし、あなたの体の一部でもありません。だから、時にはスマホを置いて出かけてみましょう。スマホがなくても安全に生活できるようにならなきゃ。それと、スマホで得られる膨大な情報や流行に振り回されないように。スマホがないと取り残されると不安に思うようではダメ。必要なことは、スマホ以外からでも十分手に入るのだから！

(15) 同世代の仲間が聴いている音楽だけではなく、あまり聴かない新たなジャンルの曲もいろいろ試聴してみましょう。クラシックもいいかもしれません。こんなにいろんな音楽にアクセスできる恵まれた世代なのだからそれを活かして見識を広げましょう！

(16) ゲームや動画ばかりに夢中になってはダメ。でも、脳トレ系のゲームで頭の体操をしたり、海外の動画でヒアリングのレッスンをしたりするのはオススメよ。

(17) スマホ（下）ばかりを見ていないこと。顔を上げて、身近に起きていることを見たり聴いたり感じたりしましょう。窓の外を眺めたり、鳥のさえずりを聴いたり、生活の中で出会う人と会話してみたりすると新しい発見や気づきがありますよ。また、「気になることはすぐ検索」ではなく、まずは自分であれこれ考えてみる。これも、あなたの成長にとって大切なことです。

(18) あなたがこの約束を破るような使い方をしたら、このスマホを一時預かります。そして、じっくり話し合いましょう。内容を見直したり、フィルタリングを調整したり、約束を守りながら使えるように、工夫しなおせばいいのです。安全に賢く使えるスマホユーザーになるために、一緒に学び、考え、取り組みましょうね！

http://www.frey.jpで公開

4-5 ペアレンタルコントロール機能を有効活用

　ペアレンタルコントロールとは、子どもによるパソコンや携帯電話などの情報通信機器の利用を、親が監視して制限する取り組みのことを指します。保護者は「そんなに長い間テレビばかり見てはいけないわよ」「勉強もしないでゲームばかりしているならゲーム機を取り上げるわよ」といったように、子どものメディア利用に関して注意や指導をよくしていますよね。それがまさに『ペアレンタルコントロール』というわけです。インターネット以前からもアメリカではしきりに使われていた言葉だそうです。最近の情報通信メディアにはペアレンタルコントロール機能がつくようになりました。

　例えば、Apple社ではiOS12以降のiPhone、iPad、iPod touchなどの機器でペアレンタルコントロール機能である、スクリーンタイムの「コンテンツとプライバシーの制限」が搭載されています。これを使えば、特定のアプリや機能を使えないようにしたり、使用制限を設けたりすることができます（次ページ参照）。iPhone、iPad、iPod touchでこういった設定を使うことができ、不適切な表現を用いたコンテンツやそれらの購入・ダウンロード、プライバシーに関する設定などを制限することができます。1日にスマートフォンを手に取る回数や、アプリ別の利用時間を集計する機能も備わっており、親は子ども

※　http://www.frey.jp/sol/edu/　より、印刷・ダウンロード可能。

4 _ 保護者はどう関わると良いか

AppleのペアレンタルコントロールのHP
https://support.apple.com/ja-jp/HT201304

の利用時間を知ることができたり、管理したり、特定のアプリに使用制限をかけられるようになりました。また、Windows10にもペアレンタルコントロール機能が備わっており、保護者の管理者権限アカウントに子どもアカウントを紐づけて登録することで、利用時間を制限したり、Web閲覧の制限をしたりすることが手軽にできます。

判断力や自制力、責任能力などがある程度身につかないと、子どもが自分自身で使用方法を制御することは難しいのが現実です。一方で、いつも口うるさく親に言われていると親の言う

ことを聞かなくなったり、反抗的になったり、親子関係が悪くなりがちです。また、四六時中子どものことを見張っているというのもできないですし、精神衛生上よくないことです。

そこで、こういったところは情報技術の出番でもあるわけです。親から言われると素直に聞けないことでも、システムから通知されることで、「しょうがないなぁ。やめるか」といった気持ちになれることもあります。

P.64のコラムに挙げた、研究室でのごみ捨て当番の例の他、ゼミの発表の順番を情報技術を使ってシステムに決めさせている研究室もあります。こうすることで、先生に「〇〇くん、ゴミ捨て行ってきて」「今日の発表は〇〇さんからね」と言われると「なんで僕だけ、私だけ」と少し嫌な気持ちになるような場面でも「しょうがないなぁ、やるか」といった気持ちになれます。会話をする際にシステムやロボットが仲介することで話題にしやすくなる、反感を買わないようにできる、といった研究もあります。

なので、こういったペアレンタルコントロール機能はぜひ積極的に使ってみることをお勧めします。親が口うるさく言うのではなく、時間管理やどのくらい、どのアプリを使っているか、などを可視化してくれる機能もあるので、是非子どもと一緒に確認してみてください。

我が家でもNintendo　Switchのゲームでは、「**みまもりSwitch**」というペアレンタルコントロール機能を利用してい

ます。子どもとの約束は1日30分。ただし、「ゲームの進行状況によっては30分ぴったりでやめられなかったり、保存ができなかったりするんだ」という子どもの要望を聞いて、「1時間で強制終了」という設定にすることになりました。30分たったら「残り30分です」と画面に表示されるので、子どもはそれを見たら速やかにセーブをしてゲームを終了する。ゲーム時間が32分になっても私は怒らない。ただし、55分になって慌ててやめるのはルール違反。60分たったらいくらセーブしていなくてもセーブなしで強制終了。というわけです。

　スマートフォンのアプリから子どもがどのゲームを何日にどのくらいプレイしたのかが見ることができますが、プレイ時間はだいたい25〜35分程度。毎日、「マリオカート」「スプラトゥーン」「マリオパーティ」「ニンテンドーラボ」などのソフトのうち、どれか1つのソフトだけを選んで使っているようです。

　そして、少しずつ使わせてみながら、子どもと話し合いながら、見守れる範囲で、カスタマイズ機能を利用して少しずつ制限を緩めていくことも必要です。判断力や自制力など、子ども自身の能力も年齢だけではなく個性でも異なります。子どもの発達を見ながら段階的に制限を緩めていきながら、利用させていくことも、子どもの判断力や自制力を育てていく上では大事です。また、子どもにとっても『決めたルールを守れないから、よりルールを厳しくしていく』よりも、『最初はルールを厳しく設定し、様子を見ながらルールを緩めていく』ほうが受け入

Nintendo Switchの「みまもりSwitch」

スマートフォンのアプリの画面。我が家の話し合いをする前の夏休みの使用状況(上)と、話し合いをした後11月の使用状況(下)

れやすいものになるそうです。

　また、スマートフォンの使用時間を30分と決めたら、30分がたつと今度はテレビやDVDを見て過ごすという話も聞きますが、これでは液晶画面と向き合っている時間は結局長くなり、小学生にとって大切な友だちとの遊びの時間や実体験をする時間の確保や、中学生にとって大事な勉強時間の確保にはつながらないのです。スマートフォンだけでなく、ゲームやインターネット検索など、液晶に向かい合う時間が長くなることで、子どもの睡眠不足やうつ病をも引き起こしていることから、「液晶画面と向き合う時間を合計して30分」などと決めることをお勧めします。

　さらに、安全に利用するための機能として、フィルタリングサービスやコンピュータウイルス対策ソフトなども取り入れていきましょう。子どもにとって有害な情報を防いだり、コンピュータウイルスへの感染を防いだり、トラブルが起きるリスクを下げるための機能は必須です。いちいち親が「そのサイトにアクセスしてはいけません！」と目くじらを立てることよりも、フィルターに「このコンテンツは危険ですよ」と言ってもらう方が良い、そんなイメージです。

　情報通信メディアを子どもに持たせるときの親と子どもの気を付けたいこととして、P.170に挙げることを意識すると良いでしょう。

　これから携帯電話・スマートフォンを子どもに買い与えよう

情報通信メディアを子どもに持たせるときに親と子どもが気を付けたいこと

■親が気を付けること
・持たせっぱなしにしていないか。管理責任は親にあることを認識する。
・使用方法について十分理解できているか。
・インターネット上での危険性について子どもと話し合えているか。
・子どもが知らずに「個人情報」を発信していないか。
・親自身も使い方の手本を示せているか。
・使用ルールは子どもと話し合って決め、状況に応じて更新しているか。
・子どもの様子の変化を見守り、敏感に対処できているか。

■子ども向けチェック
・インターネットを使うときのルールやマナーを知っていますか。
・ルールやマナーを守っていますか。
・インターネットの使い過ぎで生活リズムが乱れていませんか。
・書き込んだ内容に責任をもっていますか。
・インターネットの危険性についてきちんと知っていますか。
・トラブルが起きたときに相談できる人はいますか。

4_保護者はどう関わると良いか

とする親御さんは、子どもに欲しい理由を聞くとともに、携帯電話やスマートフォンを使うと様々なリスクが生じることを話したり、コミュニティサイトの危険性について議論してみましょう。何のために携帯電話やスマートフォンを持つのか利用目的をはっきりさせることもお勧めします。もちろん、塾通いや習い事など夜遅くなるから電話機能が必要といったこともあるかもしれません。けれども実は「ゲームがしたい」だったり「インターネットで検索をしたい」だったりするかもしれません。インターネットでの調べ物にしても、オンラインゲームにしても、最初はリビングにあるパソコンを利用させるとよいでしょう。親の目が届く、大きなディスプレイだと自制心が働く、などのメリットもあります。ちなみに、初めてのインターネットはスマートフォンではなく、パソコンを使用させることでよりペアレンタルコントロールしやすく、インターネットに関しても教育しやすいとも言われています。

それから、フィルターのかかっていないゲーム機や携帯型音楽プレーヤーなどからインターネットを利用して犯罪に巻き込まれるというケースも増えてきているので、「うちはスマートフォンは持っていないから」と安心せずに、注意が必要です。

今の教育現場では、アクティブラーニングを重要視していく流れがあります。学校教育では、「生きる力を育てる」ということがとても重要になってきています。先生が授業で教えるのではなく、生徒がいろいろな情報を見て、その情報を取捨選択

しながら、自分でどうするかを考えさせ、議論させるといったタイプの授業が主流になってきています。つまり、教師の役割はティーチング（teaching）からファシリテーション（facilitation）へと変わってきているのです。つまり、ものを教えるのが教師の仕事だったのが、子どもたちが自分で考え、話し合って、自分で選択して、自分なりの解決をしていくというその一連のプロセスを支えていくのが教師の仕事になりつつあります。

　同じようなことを家庭の中でもお勧めします。子どもとよく話し合い、親としての意見は言う必要があります。ただし、親としての意見を言う前や言った後に「あなたはどう思う？」と子どもの意見も是非聞いてみてください。このときに大事なのは、子どもの意見が気に入らなくても叱ってはいけないということです。意見が違ったときには「私はこう思うけどな」などと親の意見として伝えてみてください。

　「ゲームをやりすぎてしまった」という事実があるときに、その解決方法はおそらくいっぱいあります。時間制限をする。ゲームを見えないところにしまう。ゲームをやる日とやらない日を作る。子ども自身にいろいろな意見を出させて、どれなら守れるか、選ばせるのも良いでしょう。親が頭ごなしに「こうしなさい」と与えたルールよりもよほど守れる可能性が高いです。ただし、本当にそれで守れているか、1週間なり、1か月なり振り返って、そのルールでよかったか、もっと違うルール

にしたらよいか、相談してルールを更新していくことをお勧めします。

携帯電話やスマートフォン、タブレットを持つときには、電話にロックをかけておくことも大事です。こういった情報メディア機器には暗証番号を入力しないと操作をできなくするロック機能がついています。入力が面倒だからと使っていない人もいますが、この機能をオンにしておけば、万が一落としてしまった場合にも安心です。勝手に使われてしまうリスクも少なくなりますし、アドレスに登録してある人たちの電話番号やメールアドレスといった個人情報を守ることにもつながります。また、携帯電話を落としてしまったときには、怒られることを恐れて隠すのではなく、すぐに親に報告するように話し合っておきましょう。

4 6 スマホの使い方を子どもと考える教材

情報通信メディアを使うにあたって様々な教育が行われています。その中でもご家庭で参考にしていただけるものも多くあります。

自治体でも取り組みを進めているところが多いと4章2節で紹介しましたが、その中には携帯電話やスマートフォンを持つにあたって、親子で使い方を考えて行けるようなサイトを公開している市町村もあります。例えば、岡山県県民生活部男女共

同参画青少年課では県内で実際にあった犯罪事例なども公開しながら、インターネット犯罪を身近なものとして捉え、自分事として親子で考えていくことのできるようなサイト「ケータイ、スマホの正しい使い方」を公開しています[※1]。

東京都教育委員会でも「考えよう！いじめ・SNS@Tokyo」[※2]というサイトを開設しており、いじめを大人に相談することや、SNSのことについて8つの具体的なストーリーを通じて子どもたちに考えさせるようなコンテンツを用意しています。また、スマートフォンアプリも用意されており、簡単なストレスチェックができたり、東京都のいじめ相談ホットラインに電話をかけることができるようにもなっています。

また「ネットいじめ」の防止については、小・中学校でも啓蒙活動がなされていますが、文章での教材だと子どもはなかなか理解ができず、難しいようです。例えば、学級での忘れ物の問題であれば、どの子どももかなりの程度で想像ができるのですが、携帯電話やスマートフォンの利用については、中には携帯電話やスマートフォンを持っていない子どももいる上、使っているサービスにも違いがあるため、具体的なことが想像できないことも多いのです。そこで、ドラマ形式の映像教材を様々な団体が作成し啓蒙活動を行っています。

NPO法人企業教育研究会では、携帯電話会社のソフトバンクとともに「考えよう、ケータイ」シリーズとして、ドラマ型の映像教材を作り、学校やPTAなどに指導案つきDVDという

※1 http://www.pref.okayama.jp/seikatsu/seisyonen/keitai/
※2 http://ijime.metro.tokyo.jp/

4 _ 保護者はどう関わると良いか

形で配布しています[※3]。この教材では子どもたちがアプリでグループチャットを行う様子を紹介したあと、ネットいじめかどうかはっきりしないものの、ネットいじめにつながる可能性がある状況を描いています。こうした教材を見て子ども同士で話し合うことが、有効なネットいじめ防止策になると考えられています。ドラマ形式の動画教材のほかにもゲームアプリ形式のものなど、最新の状況にあわせて教材が作られています。

こういった教材は見て終わりではなく、ネットいじめについて子どもや保護者、教員が互いに話し合いながら学ぶことを期待されています。そのための指導案などの具体的な指導方針も公開されているので、学校教育や自治体で活用するだけでなく、ご家庭で親子で話し合う際の指針にもなることでしょう。

モバゲーではゲーム内のサイトパトロールを行っていることも3章5節で紹介しました。しかし、ただ単に未然防止のため不適切な書き込みを削除して回るだけではいつまでたってもモラルは改善されません。そこで、Mobage（モバゲー）を運営する株式会社ディー・エヌ・エーでは子どもたちが健全なインターネットの利用やマナー（情報モラル）、情報リテラシーを身に付けるために、学校、家庭、地域社会のみならず、企業としても教育に参加すべきと考え、小学生、中学生、高校生を対象とした「訪問学習」や「出張授業」などの講座を実施しています[※4]。

この講座ではインターネット利用で人とつながることの楽し

※3　NPO法人企業教育研究会https://ace-npo.org/info/kangaeyou/
※4　株式会社ディー・エヌ・エー　「Mobage健全性維持に向けた取り組み」　https://csr.dena.com/kenzen/

さ、健全な関わり方について、ワークショップ形式で学習するだけでなく、企業や組織活動について、さらにはゲーム開発についても広く学べる場となっており人気の講座です。訪問学習、出張授業などを行っており、読者の中にもすでに受講したことのある人がいるかもしれません。

　また、グリー株式会社でも、全国の学校・企業・官公庁などで年間300回を超える講演を行っています。インターネットでも話題になりましたが講演では上のイラストのようなスライドが流れます。「ここは1日数万人が行きかう交差点です。ここで1時間、この写真のように個人情報を掲げて立っていてほしいのですがやってくれる人いますか？」

4_保護者はどう関わると良いか

　これは、インターネット上での個人情報トラブルや炎上の原因を、現実世界に置き換えただけの画像なのです。子どもたちにこれを「危険だな」「いやだな」という感覚を持たずにインターネット上で行ってしまっているのです。現実世界に置き換えた画像、映像を使うだけで、理解しやすくなると思いませんか？　子どもたちにダメだと頭ごなしに言うのではなく、そういったことをわかりやすく、具体的に伝えて、子どもたち自身に考えさせるきっかけを与えていくのが大人の役目なのかもしれません。『11歳からの正しく怖がるインターネット』（小木曽健、晶文社）でもこういった大人も子どもも知っておきたい、インターネットを安全・安心に使うための「絶対に失敗しない方法」がイラスト入りでわかりやすく紹介されているので参考にされると良いでしょう。

　最近では自宅学習でもタブレットを使った教材が増えてきています。例えば、「スマイルゼミ」は専用タブレットを用いて教材が配信される通信講座です。スマイルゼミでは、通信教育の教材の他に「あんしんインターネット」というアプリがあり、子どもがインターネットを体験することができるようになっています。小学生の利用を想定したフィルタリングが標準装備されており、子どもに見せたくないサイトなどを自動でブロックしてくれるもので、面倒な設定の必要なく、閲覧履歴も確認できるので、安心してインターネットを使わせることができます。このスマイルゼミを運営している株式会社ジャストシステムで

は、『子どもと学ぶスマホのルール』という冊子を作成して配布しており、インターネットや携帯電話を安全に使わせるために知っておくべきことやトラブルの事例集、ご家庭で話し合いながら記入していくチェックリストなどが掲載されています。タブレット学習を進めるにあたって、こういうことをきちんと親子で話し合うきっかけになるようにしています。同じくタブレット通信教育である「Z会のタブレットコース」ではiPadを使って学習を進めていきますが、子どもにとって不要なアプリや設定には制限をかけるよう勧めています。

4-7 男の子と女の子で異なるスマホの使い方

　情報通信メディアを使う際には、男の子はゲームや検索、動画といった「コンテンツ利用」が中心であるのに対して、女の子はLINEやInstagramといったコミュニケーションのための「つながり利用」が中心であることが多いことに気づきます。もちろん、男子だけど「つながり利用」が多いという子どももいれば、女子だけど「コンテンツ利用」が多いという子どももいるでしょう。

　「コンテンツ利用」に関しては、フィルター機能やペアレンタルコントロール機能がよく効きます。閲覧履歴なども簡単に残せるので、使い始めは親子で利用時間を検討したり、使い方について話し合いをしたり、といったことが容易にできるでし

ょう。また、コンテンツ利用であれば、「スマートフォンに依存する」というよりは、コンテンツが利用できるほかのものであっても代替がきくことが多く、テレビであったり、ゲーム機であったり、様々な他の機器も含めて、情報通信メディアに接する時間を管理・セーブしていくことも必要になってきます。それぞれの機器での時間管理はできても、起きている時間全体のメディア利用時間というのは自分で管理するか親が気にかけておくしかありません。

　一方で、「つながり利用」に関しては、フィルター機能やペアレンタルコントロール機能といった、「システムに任せた制御」だけでは管理が難しくなってきます。利用時間や使用アプリの制限はできても、そのアプリの中でどのような使用方法をしているのか、どのような会話を交わしているのか、どのような画像や動画が飛び交っているのかまで制御することはできないからです。交わしている会話の中から、「もしかしたらいじめに発展するかも？」といったグレーゾーンな会話があるかもしれないですし、フィルターがあれば通常ブロックされるような画像や動画が送られてきたり、送ってしまったりしているかもしれません。また、こういった中では「出会い系」にも注意しなければいけません。四六時中スマートフォンを手放せなくなるタイプには、「つながり利用」の子どもが多いように思います。つながり利用のタイプではコンテンツ利用タイプよりも一層、利用者の情報管理能力やインターネット内で相手を思い

やる気持ちなどが強く望まれることにもなります。

　使い始めは「コンテンツ利用」に絞りつつ、だんだん「つながり利用」もさせていくという家庭の方針を立てるのも１つの手かもしれませんね。

　ちなみに男子の話では「ズボンのポケットに入れたまま洗ってしまい壊れてしまった！」といった事例も聞きました。こういった、「落とした」「なくした」「洗って壊れた」系のハプニングも男子が多いように思います。我が子も男子なので、思わず目に浮かぶその光景に身が引き締まりました。

おわりに

子どもが情報メディアを
うまく使いこなすために

今のようにソーシャルメディアが普及する以前は、私たち一般の人々が入手する情報といえば、マスメディアを通じてのものばかりであり、インターネット上の情報に関しても信頼できる機関が発信するものがほとんどでした。いわば、情報を受け取る立場にいたと言えます。しかし、ソーシャルメディアが普及し、誰もが気軽に情報を発信することが可能になった今の社会では、たくさんの情報があふれ、情報の信頼性も担保できないものも増えています。一方で、ソーシャルメディアを利用する全員がこういった情報を扱う能力を持っているわけでも、情報の重要性を見極めるトレーニングを受けているわけでもないのが現状です。そういったことを判断できる能力が、私たちに求められるようになってきているのです。

　生まれたときからパソコンが身近にあり、スマートフォンやタブレットといった情報通信メディアも巧みに使いこなすデジタル・ネイティブ世代と言われる今の子どもたち。最近の若者は消費意欲、購買意欲が減ってきたとも言われていますが、インターネット接続に彼らが費やす労力は膨大です。モノからつながりへと変化しただけとも指摘されています。

　こういったインターネット社会の中での「つながり」を考えたときに、やはり「いじめ」は避けては通れません。いじめはいじめた側はいじめだなんて思っていません。「ちょっとからかっただけ」とか、「遊んでやっただけ」と言うかもしれません。けれど、いじめを受けた側が「いじめ」だと思えば、それ

はいじめになるのです。セクハラなどと一緒ですね。

　そんなとき重要になるのがいわゆる「斜めの関係」です。学校だと、担任や部活の顧問の先生というよりは、教科を教えているけど担任ではない、ちょっと仲良しの先生などです。塾だったら、国語や数学を受け持つ先生でも、塾長でもなく、年齢の近いアルバイトの大学生かもしれません。そんな「上下関係」ではない「斜めの関係」にはぽろっと本音を言ったり、相談しやすいと言われています。職場でも直属の上司ではなく、仕事ではあまり関わらない他部署の先輩を「メンター」に任命して日ごろの相談に乗るようなメンター制度の導入が進んでいます。家庭だと両親よりもお姉ちゃんだったり、いとこだったり。そんなときにご両親が「私には言ってくれなかったわ！」「知らなかった！なんでお母さんに言わないの!?」と大騒ぎしてしまうと、子どもは斜めの関係の人にすら、言えなくなってしまうかもしれません。親としては自分には相談してくれず、他の大人から聞かされると寂しい気持ちになるかもしれませんが、「子どもに相談できる人がいてよかった」と思えるような、そんな心で受け止めたいですね。私自身がそうありたいと思っています。

　小学校ではいじめを受けた時の相談先一覧などもよくプリントで配布されています。在籍する小学校・中学校だけでなく、各地域の教育センターだってあります。公立の学校に在籍している場合、教育センターのほうから学校に対して助言をもらえ

ることもあります。私立の学校に在籍していて学校に言いにくい場合には、各地域の教育センターではなく、いじめ問題を扱っているNPO法人などが良いかもしれませんね。

　最後に、情報リテラシーとしては「情報通信メディアの利用にはどのような危険性があるのかを知る」とか「時間制限をする」といったことがよく挙げられています。情報化社会を生きる子どもたちには危険なこともあわせて教育・啓蒙していく必要があり、それは避けては通れません。本書でもそういったことを中心になるべく具体的に、そしてすぐに実践できそうなことを紹介してきたつもりです。けれども、子どもたちにはこれらを「守る」だけではなく、「情報や情報通信メディアを使いこなす側の人間」になってほしいと私は思います。

　1章に挙げたように、家庭でも教育現場でも情報化が当たり前の社会がもうきています。私の勤務する明治大学総合数理学部先端メディアサイエンス学科では、「こんなものがこれからの世の中には必要ではないか」「こんな仕組みや体験を創れたらおもしろいのではないか」という発想や想いを数理科学や情報科学を使って実現しようとしています。これまでにない、まったく新しい価値を発想・創造できるイノベイティブな人材こそ、今の日本に必要であり、これからの情報化社会を生きる子どもたちには是非目指して欲しいと思っています。2020年には小学校でプログラミング教育が必修になりますが、それに向けて着々と準備が行われています。自分が本当にしたいことを簡

おわりに_子どもが情報メディアをうまく使いこなすために

単に実現することだってできる時代なのです。

　情報や情報通信メディアを使いこなすことで、生活も便利になります。そして使いこなすだけでなく、「私だったらこう使うけどな」「このアプリって実はこんな使い方ができるかも」「自分だったらこんな仕組みを作るのに」などの発想が子どもたち自身から出てくる機会も大事にしてあげたいと思います。そしてそういった発想を育てるためには、積極的に情報通信メディアを使いこなすことも必要だと私は思っています。

あとがき

　情報技術（IT）にまつわる技術的進歩は著しく、人工知能（AI）やIoT（Internet of Things）、バーチャルリアリティ（VR）といった言葉や技術は、もはや研究者だけでなく、広く一般の人々に普及してきました。すでに私たちの生活に浸透している技術もあり、快適な日常生活を営む上ではもはやなくてはならない存在になってきています。

　本書で挙げた、タブレットやスマートフォンのような端末に目を向けてみても、常にインターネットにつながることが当たり前になった今、これまでと同じ技術であっても使い方は日々進化しています。例えば、端末の位置情報。少し前までは、一般ユーザは「自分が地図上のどこにいるのかを知るため」に使っていました。けれど、今は写真を撮ればその写真にはどこで撮影したかの情報が記録されますし、自分がどこにいるのかをリアルタイムで発信するアプリも若者を中心に大流行中です。

　我が子を連れて田舎へ帰省した際には「インターネットはつながらないの？」と言われ、よくよく聞いてみると、新しく買ったソフトを始めるだけなのに、初回はインターネットにつなげてアップデートしてからでないと始められないといった状況でした。このようにそもそもインターネットがいつでもどこでもつながることを前提とした世の中になりつつあります。

　技術の進歩は著しい一方、法律や規則の整備といった側面は

なかなか追いつきません。もちろん、すべてを規制していては新しい技術や使い方は広まりませんし、便利で楽しいことを発見することも難しくなるでしょう。少しくらいの冒険は必要かもしれません。けれど、何がきっかけでトラブルに巻き込まれてしまうかわかりません。これからの時代を生きる人には、自分が初めて使う技術やアプリに接するとき、そして既存の技術であっても今までと違った使い方をするときには、メリットだけでなく、想定されるデメリットや危険の可能性にまで意識を向け、「これでいいのかな？」と立ち止まって考える力を持って欲しいと思います。

　最近、東京学芸大学附属世田谷小学校でのiPadを使った授業も見学させていただく機会がありました。子どもたちはノートに鉛筆で書いたあと、写真を撮って先生に送信したり、iPadに文字を入力して意見をまとめたり、様々な方法でデバイスを使いこなしていました。先生は板書したことを最後に撮影して、それを子どもたちの端末に送信しておき、次の授業で振り返りができるような使い方もしていました。休み時間になると、ダンス動画を見ながらダンスを踊る子どもたち。この学校では特にデバイスの使い方を規制しておらず、子どもたちの考えに任せているとのことでした。常にインターネットにつながるデバイスが手元にあっても遊んでしまうわけではなく、今の時間は何をする時間なのかを子どもたちが自分たちでしっかり考えながら過ごしている姿を見て、未来は明るいと感じました。

最後に本書を執筆するにあたって、たくさんの方にお世話になりました。中でも特にお世話になった方のお名前を順不同で挙げて、感謝のしるしとさせていただきます。鷗友学園女子中学校高等学校の名誉校長吉野明先生をはじめ、先生方、生徒のみなさまには現状のBYODを導入する授業を見学させていただきました。科学技術振興機構さきがけの「社会と調和した情報基盤技術の構築」領域（領域代表：安浦寛人教授）の関係者のみなさまには、議論を通じて本書のヒントをたくさんいただきました。「Japan Business Press」の鶴岡弘之さん、西原潔さん。株式会社あんふぁにの船水誠さん。一般社団法人子どもの未来応援団の髙尾展明さん、谷瑛彦さんをはじめ関係者の方々。未就学児・小学生・中学生の子育て中の私の友人たち。明治大学総合数理学部先端メディアサイエンス学科のみなさま、五十嵐研究室の学生さんたち。素敵なイラストを添えてくださったフジタヒロミさん。デザインを担当してくださったアトム★スタジオ小笠原准子さん。校正を手伝ってくれた舘野凜さん。こういったデバイスの環境を考えさせるきっかけをくれた家族、特に3人の子どもたち。そして最もご尽力いただきました、ジアース教育新社の加藤勝博さん、舘野孝之さん、西村聡子さん。どうもありがとうございました。

2019年8月

五十嵐悠紀

イラスト◎フジタヒロミ
デザイン◎アトム★スタジオ小笠原准子

ネット社会の子育て
スマホに振り回される子 スマホを使いこなす子

令和元年8月21日　初版第1刷発行
令和2年1月20日　初版第2刷発行

著　者　五十嵐悠紀(いがらしゆき)

企画・編集　一般社団法人子どもの未来応援団
発行人　加藤　勝博
発行所　株式会社ジアース教育新社
　　　　〒101-0054
　　　　東京都千代田区神田錦町1-23
　　　　宗保第2ビル5階
　　　　電話 03-5282-7183　FAX 03-5282-7892
　　　　E-mail：info@kyoikushinsha.co.jp
　　　　ＵＲＬ：http//www.kyoikushinsha.co.jp/

印　刷　株式会社新藤慶昌堂

ISBN978-4-86371-510-3
Printed in Japan
○定価はカバーに表示してあります。
○落丁・乱丁はお取り替えします。

子どもの未来応援シリーズ

哲学で子どもの思考力が伸び、心が成長する
―親子で考える人生の疑問―
小川仁志（山口大学国際総合科学部准教授）

定価 本体1,400円+税　四六判／176頁　ISBN978-4-86371-475-5

Eテレ「世界の哲学者に人生相談」指南役の著者が「なぜ親のいうことをきかなきゃないの？」「なぜ勉強しなければならないの？」など、子どもの疑問に哲学で答えます。

人の子育て 動物の子育て
―家庭教育の大切さを動物の視点で考える―
土居利光（日本パンダ保護協会会長・首都大学東京客員教授・前恩賜上野動物園園長）

定価 本体1,400円+税　四六判／188頁　ISBN978-4-86371-476-2

前上野動物園園長が、様々な動物の目線から、家庭や家族、教育の大切さを考えた一冊です。動物の子育てを通して、家庭教育の重要性を一緒に見つめ直してみませんか。

我が子のいじめに親としてどうかかわるか
―親子で考える「共に生きる意味」―
阿形恒秀（鳴門教育大学教職大学院教授・鳴門教育大学いじめ防止支援機構長）

定価 本体1,400円+税　四六判／172頁　ISBN978-4-86371-478-6

「いじめはあってはならない」という「建前論」を超えて、大人の知恵を読者と共に見出すために、「いじめ」の問題を「共に生きる意味」という視点から捉えます。

思春期の子どものこころがわかる25のQ&A
非行・心理の専門家が子育ての悩みに答えます
名執雅子（法務省矯正局長）
西岡潔子（法務省大臣官房秘書課広報室長・公認心理師・臨床心理士）
定価 本体1,800円+税　四六判／192頁　ISBN978-4-86371-509-7

「部屋に引きこもって家族と過ごさない」「学校に行かない」「いじめられている」など、子どもに理由も問えない子育ての悩みに、課題を抱える少年少女と向き合ってきた専門家がアドバイス。